베테랑 AI 전문가가 만든
가장 쉬운 **나노 바나나** 활용!

N

나노 바나나로
NanoBanana
무엇이든 만들 수 있다

AI 영상 제작

믹스보드 클링AI
플로우 소라2

이현 · 문서영 · 최숙현 · 남상억 공저

(주)광문각출판미디어
www.kwangmoonkag.co.kr

머리말

AI 시대의 새로운 창작자를 위하여

당신이 이 책을 펼친 순간, 이미 새로운 시대의 문을 열었습니다.

불과 몇 년 전만 해도 멋진 이미지를 만들려면 포토샵 자격증이 필요했고, 수개월 간의 강좌를 수강해야 했으며, 전문가만이 접근할 수 있는 영역이었습니다. 하지만 지금은 다릅니다. 누구나 몇 줄의 문장으로 1분 안에 자신의 상상을 현실로 만들 수 있는 시대가 왔습니다.

이것이 바로 나노바나나입니다. 구글의 첨단 AI인 Gemini를 기반으로 한 차세대 이미지 생성 엔진은 도구를 넘어, 모든 사람을 잠재적인 크리에이터로 만들어주는 혁명입니다.

이 책에서 여러분은 배웁니다. 무엇을 만드는 법뿐 아니라, 왜 그렇게 만드는지를 깨닫게 됩니다. 초보자를 위한 기초부터 시작해, SNS와 이커머스 마케팅, 그리고 영상 제작까지 확장되는 과정 속에서 여러분은 단계적으로 성장합니다.

유튜브 크리에이터라면 섬네일을 분 단위로 제작할 수 있습니다. 쇼핑몰 운영자라면 포토샵 없이 고급스러운 상품 이미지를 완성할 수 있습니다. 일반 직장인도 프레젠테이션을 한 단계 업그레이드할 수 있습니다.

가장 중요한 것은 이제 창의성이 유일한 답이라는 사실입니다. 기술은 나노바나나가 담당합니다. 여러분이 해야 할 일은 상상하는 것뿐입니다.

이 책의 모든 페이지, 모든 프롬프트, 모든 실습 사례는 여러분의 창작 여정을 돕기 위해 만들어졌습니다. 두려워하지 마세요. 완벽할 필요도 없습니다. 첫 번째 시도가 마음에 들지 않으면 다시 시도하면 됩니다. 나노바나나는 여러분의 모든 시도를 기다리고 있습니다.

이제 시작하세요. 당신의 상상력이 곧 현실입니다.

저자일동

목차

PART 1

나노바나나, AI 시대를 여는 시각 엔진

PART 2
아티스트를 위한 실전 프로젝트&고급 실습 마스터

PART 3

크리에이터를 위한 나노바나나 실전 제작

PART 4

SNS & 이커머스 브랜딩을 위한 마스터 플랜

PART 5

나노바나나의 확장: AI 영상 속으로

PART 1

나노바나나, AI 시대를 여는 시각 엔진

Class 1.
생성형 AI 이미지의 기본 원리, 나노바나나란 무엇인가?

① 상상하는 모든 것을 현실로 만드는 마법의 엔진

우리는 이미지 제작 방식이 완전히 뒤바뀌는 혁명적인 시대에 살고 있다. 불과 몇 년 전까지만 해도 전문적인 디자인 도구나 수개월의 훈련 없이는 불가능했던 창작 활동이, 이제는 몇 줄의 문장만으로 1분 안에 완성된다. 이 거대한 변화의 중심에 바로 나노바나나(Nanobanana)가 있다.

나노바나나는 구글의 첨단 인공지능인 Gemini 모델을 기반으로 작동하는 차세대 이미지 생성 엔진의 코드네임이다. 텍스트를 이미지로 바꾸는 기능을 넘어, AI의 강력한 이해력과 복잡한 상황 판단 능력이 결합되어 극도로 사실적이고 정교한 이미지를 순식간에 만들어 내는 창작 파트너다.

② 나노바나나의 핵심 원리

나노바나나(Nano Banana)의 핵심 능력은 텍스트 기반의 정밀 이미지 생성 및 편집이다. 이 기술의 핵심 동력 역시 최신 디퓨전 모델(Diffusion Model)을 기반으로 한다.

① 캐릭터 일관성 유지: 여러 장의 이미지에서 동일한 인물이나 캐릭터의 외형적 특징을 일관되게 유지하는 능력 (특히 시리즈 콘텐츠 제작에 강점)

② 정밀한 자연어 편집: 복잡한 이미지 수정(옷 변경, 배경 교체, 자세 조정 등)을 '포토샵급'으로 자연어 명령을 통해 정밀하게 수행

③ 고해상도 및 고품질: 전문적인 제작 수준에 가까운 2K/4K 고해상도 이미지 출력 지원

④ 향상된 텍스트 렌더링: 이미지 내 다국어 텍스트(특히 한글)를 깨짐 없이 정확하게 표현

즉 나노바나나의 핵심 원리는 '텍스트 프롬프트'와 '디퓨전 과정'을 높은 수준으로 정밀하게 제어하는 기술에 있다.

❸ 나노바나나가 당신의 일상을 어떻게 바꿀까?

나노바나나는 멋진 그림을 만드는 도구가 아니다. 이것은 당신의 상상력을 즉시 실행해 주는 비즈니스 및 창작 도구다.

❶ 리에이터: 유튜브 썸네일, 블로그 카드뉴스, 인스타그램 숏폼 영상 이미지를 단 몇 분 만에 제작한다.

❷ 마케터/쇼핑몰 운영자: 포토샵 없이 제품 상세 페이지용 고화질 광고 이미지와 모델 컷을 즉시 만든다.

❸ 일반 독자: 취미로 나만의 캐릭터를 만들거나, 아이디어를 시각화하여 보고서나 프레젠테이션 자료를 더욱 풍부하게 꾸민다.

나노바나나는 창의적인 활동의 진입 장벽을 완전히 낮추어, 모든 사람을 잠재적인 디자이너이자 크리에이터로 만들어 준다.

> 🍌 **잠깐! 왜 이름이 '나노바나나'일까?**
>
> 나노바나나는 첨단 기술(Nano)과 친숙하고 만능인 바나나(Banana)처럼, 어렵게 느껴지는 AI 기술을 누구나 쉽고 다양하게 활용할 수 있도록 하겠다는 개발팀의 재미있는 비유가 담겨 있다. 이 책은 당신의 창의적인 도전에 바나나 껍질을 까는 것처럼 쉬운 길을 안내한다.

Class 2.
'바나나' 속에 숨겨진 힘: Gemini 기반의 멀티모달리티와 차세대 AI의 이해

① 왜 나노바나나는 'Gemini'를 등에 업었을까?

앞선 Class 1에서 나노바나나(Nanobanana)가 구글의 첨단 AI인 Gemini 모델을 기반으로 작동한다고 말했다. 여기서 중요한 질문이 생긴다. 왜 수많은 AI 모델 중에 Gemini가 나노바나나의 심장이 되었을까?

그 이유는 바로 '멀티모달리티(Multimodality)'라는 압도적인 능력 때문이다. 이 능력 덕분에 나노바나나는 텍스트 명령을 받는 것을 넘어, 사용자가 입력한 원본 이미지의 모든 요소(색상, 자세, 문맥 등)를 동시에 깊이 있게 이해하고 정밀하게 편집할 수 있다.

기존의 이미지 생성 AI들이 오직 '텍스트'라는 하나의 채널(싱글모달)로만 이미지를 만들었다면, 나노바나나는 Gemini의 멀티모달 능력을 빌려 이미지를 훨씬 더 깊이 있게 이해하고, 창의적으로 생성할 수 있게 된다.

❷ 멀티모달리티가 가져온 이미지 생성의 혁신

멀티모달리티는 텍스트를 그림으로 바꾸는 것을 넘어, AI의 '맥락 이해 능력'을 극대화한다. 이는 나노바나나를 사용할 때 다음과 같은 혁신적인 차이를 만든다.

❶ 추상적인 개념도 정확하게 시각화한다.

이전 AI들은 "우주의 고독함"이나 "재즈 음악의 리듬"처럼 추상적인 개념을 프롬프트로 넣었을 때 엉뚱한 결과물을 내놓기 일쑤였다. 하지만 Gemini는 방대한 지식과 데이터를 통해 이러한 추상적인 단어들이 가진 감성, 분위기, 상징적 의미까지 이해한다.

예시 비교:

- 기존 AI: "고독한 우주 비행사" (→ 우주에 홀로 있는 비행사 이미지만 생성)

- 나노바나나: "고독한 우주 비행사" (→ 푸른빛의 미세한 입자, 누군가를 기다리는 듯한 홀로 남겨진 비행사, 우주선의 조각들, 희미한 지구의 모습 등 고독함을 연출하는 시각적 맥락을 자율적으로 추가하여 생성)

2 이미지 기반으로 새로운 이미지를 생성한다.

나노바나나의 가장 강력한 특징 중 하나는 '이미지를 인지하고 편집하는 능력'이다. 당신이 찍은 평범한 스마트폰 사진을 나노바나나에게 보여 주고, "이 사진 속 인물에게 턱시도를 입히고 배경을 파리의 에펠탑으로 바꿔 줘"라고 말할 수 있다.

Gemini는 사진 속 인물의 자세, 조명, 명암을 파악한 후, 마치 포토샵 전문가처럼 기존 이미지의 스타일을 유지하며 원하는 변화를 정교하게 적용한다.

이는 텍스트 명령(프롬프트)에 더해 '시각 정보(기존 이미지)'까지 명령의 재료로 사용하기 때문에 가능한 차세대 AI 기술이다.

❸ 차세대 AI, '맥락'과 '의도'를 읽는 창작 파트너

나노바나나의 멀티모달리티는 AI는 도구가 아니라 창작의 의도를 이해하는 파트너로 진화했음을 의미한다. Gemini는 사용자가 요청한 이미지에 대해 "왜" 그런 이미지를 요청했는지, "어떤 용도"로 사용할 것인지 등 숨겨진 맥락까지 고려하며 이미지를 생성한다.

덕분에 우리는 프롬프트 입력 시 불필요하게 긴 설명을 줄이고, 더 직관적이고 자연스러운 언어로 소통할 수 있게 된다. 기존 AI들은 좋은 결과물을 얻기 위해 수십 개의 '네거티브 프롬프트(Negative Prompt, 넣지 말라고 하는 명령)'나 복잡한 기술 용어를 길게 나열해야 했다.

나노바나나는 자연어로 요청해도 AI가 사용자의 의도를 해석하고 최적의 결과물을 스스로 도출해 낸다. 따라서 사용자들은 기술적인 주문 대신 창의적인 아이디어에만 집중할 수 있게 된다. 이는 AI 이미지 생성의 진입 장벽을 완전히 낮추는 가장 큰 차별점이다. 나노바나나는 이미지 생성 기술을 넘어, 사용자의 창작 의도에 가장 가까운 결과를 쉽고 빠르게 만들어 주는 차세대 도구다.

Class 3.
첫 만남: 초보자를 위한
나노바나나

① 구글 AI 스튜디오 나노바나나

① 구글 AI 스튜디오에서 시작하기

- 구글에 검색을 한다.

Google AI Studio

AI Studio에 오신 것을 환영합니다

Google AI Studio와 Gemini API를 사용하면 개발자가 차세대 생성 AI 모델 제품군인 Gemini를 사용하여 빌드할 수 있습니다.

Gemini **API 추가 서비스 약관** 및 **Google 개인정보처리방침이** 적용됩니다. 메시지와 응답은 Google AI 학습을 위해 검토 및 사용될 수 있으므로 민감하거나 개인정보가 포함된 정보는 제출하지 마세요. **데이터 사용** 에 대해 자세히 알아보세요 . Gemini는 실수를 할 수 있으므로 다시 한번 확인하세요.

계약

 ☑ * Google AI Studio 및 Gemini API를 사용하여 전문적 또는 비즈니스 목적으로 개발하는 개발자로서, 위에 연결된 약관에 동의하고 개인정보처리방침을 확인합니다.

☐ Google AI에 관한 모델 업데이트 소식, 혜택, 유용한 팁, 연구 참여 초대, 뉴스를 이메일로 받고 싶습니다.

계속

-계속해서 로그인을 한다.

플레이그라운드를 선택한다.

나노바나나를 클릭한다. (무료 사용)

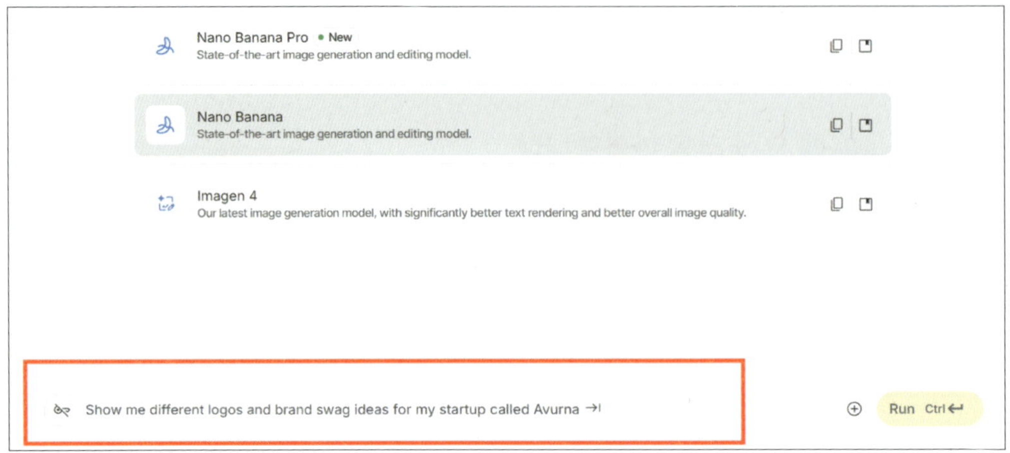

사진을 첨부하고 프롬프트를 쓰는 곳이다.

사진을 드레그&드랍 시 아래 이미지처럼 파란색 점선이 나오면 드랍한다. 제대로 이미지가 잘 들어간다는 뜻이다.

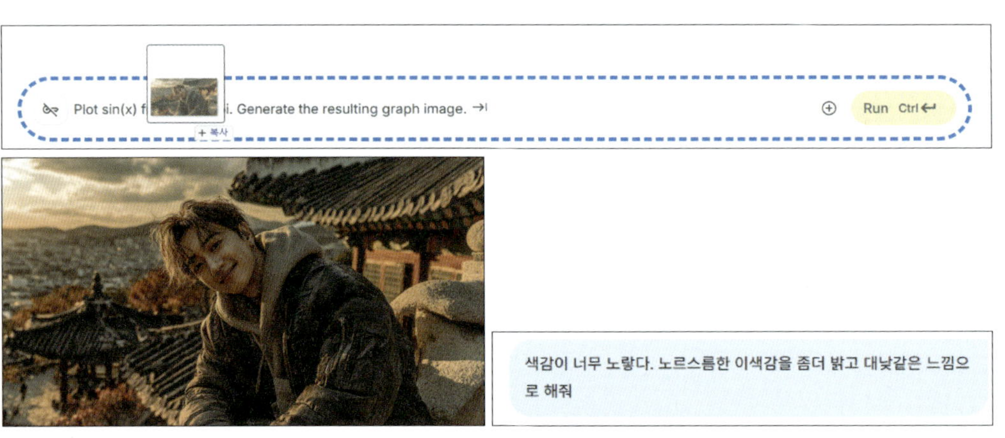

❷ 나노바나나 무료 버전이 안 나올 땐 이렇게!

- 간혹 나노바나나 프로 화면이 나와서 무료 버전으로 들어가지 못할 경우 이렇게 한다.
- Google AI Studio에서 API 키를 발급받아 사용하는 것은 개발자용 서비스다. 이는 Gemini 앱 구독과는 별개로 취급한다.

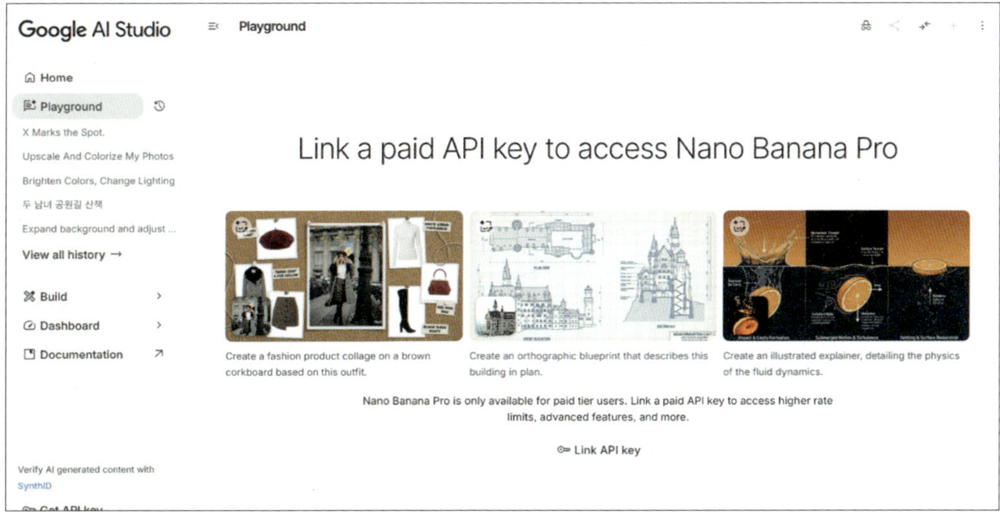

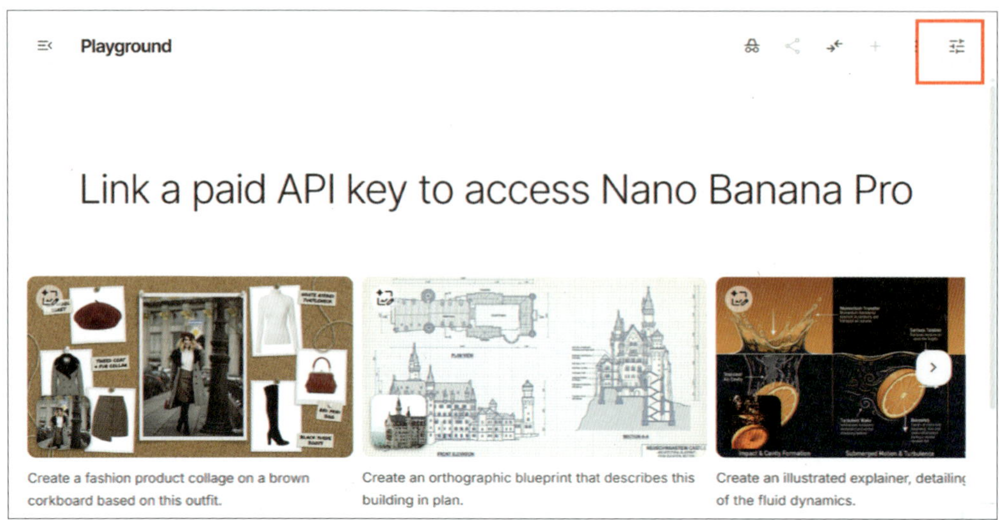

- 우측 상단의 설정을 클릭한다. 오른쪽에 세팅하는 곳이 나오는데, 첫 번째 나노바나나 프로를 클릭해 준다.

- 모델을 선택하는 곳이 나온다.

- Images를 클릭한다. 두 번째 나노바나나를 선택한다.

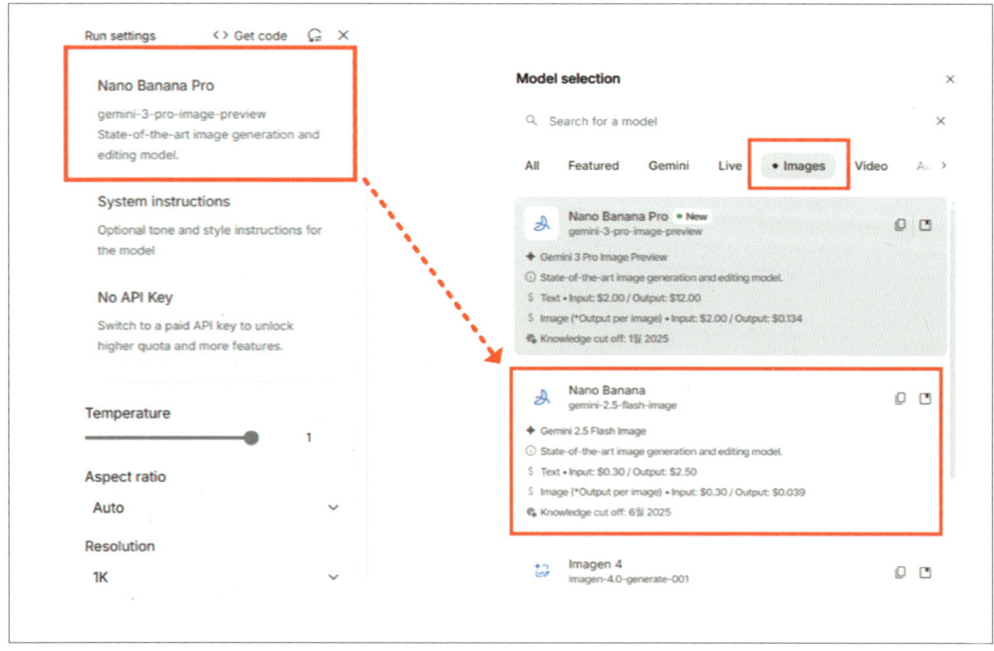

- 다시 구글 AI 스튜디오 화면으로 돌아가게 되며, 무료 나노바나나를 사용할 수 있다.

❸ 제미나이에서 나노바나나 시작하기

- 구글에 [제미나이]를 검색하면 아래와 같이 나온다. 클릭해서 입장한다.

❶ 먼저 구글 계정으로 로그인한다. 제미나이에 입장하면 무료/유료를 먼저 선택 하라고 한다. 각자에게 맞는 요금제를 선택한다.

기능	모델	무료 계정 한도
대화/프롬프트	Gemini 2.5 Pro	하루 최대 5개 (Gemini 2.5 Flash는 일반 접근)
이미지 생성/편집	Nano Banana	하루 최대 100개
딥 리서치	Gemini 2.5 Flash	월 최대 5개 보고서

무료 계정 한도표

기능	사용 모델	유료 계정 한도 (AI Pro 플랜)
대화/프롬프트	Gemini 2.5 Pro	하루 최대 100회
이미지 생성/편집	Nano Banana	하루 최대 1,000개
딥 리서치 (심층 조사)	Gemini 2.5 Flash / Pro	하루 최대 20개 보고서

유료 계정 사용 한도표

❷ 워터마크 종류: 나노바나나로 생성된 이미지에는 보이는 워터마크(Gemini 로고)와 눈에 보이지 않는 디지털 워터마크(SynthID)가 모두 삽입된다.

SynthID의 역할:

이 기술은 이미지를 자르거나 수정해도 AI 생성물 여부를 식별할 수 있도록 하는 것으로, AI 이미지의 오용(예: 가짜 뉴스)을 방지하기 위함입니다.

워터마크 제거/우회:

워터마크가 거슬리는 경우, 포토샵의 생성형 채우기 기능을 이용해 제거할 수 있다. 또한, LM 아레나나 Vertex AI 같은 외부 API 기반 사이트에서는 워터마크 없이 이미지를 생성할 수 있다.

❹ 제미나이 구독하기

- 우측 상단의 [업그레이드]를 클릭한다.

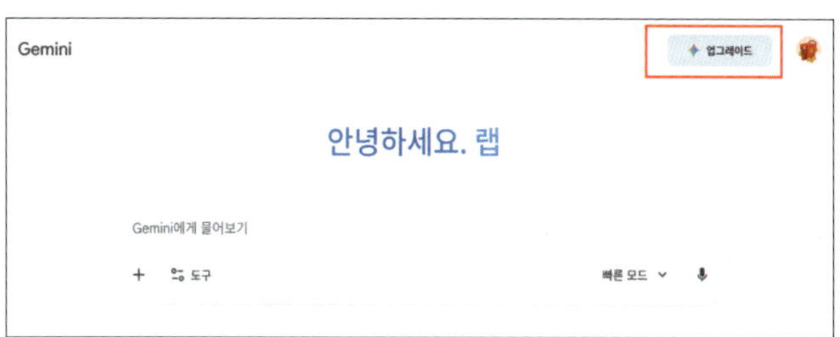

[결제로 이동]하여 [서비스 약관] 동의 후 원하는 결제 수단으로 결제하면 된다.

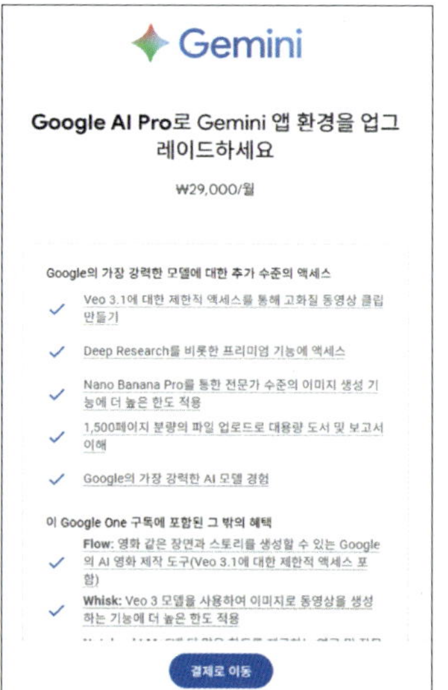

❺ 구독 취소하는 방법

구독도 중요하지만 내가 사용하기 원하지 않을 때 구독을 취소하는 것도 매우 중요하다.

-https://one.google.com/ 으로 들어간다.

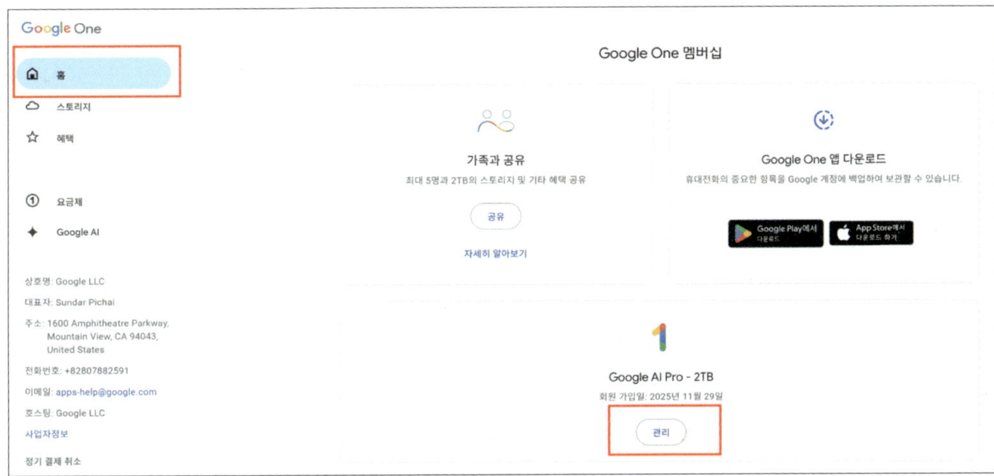

- 구글원으로 들어가서 아래로 스크롤하여 [멤버십 취소]를 선택한다.

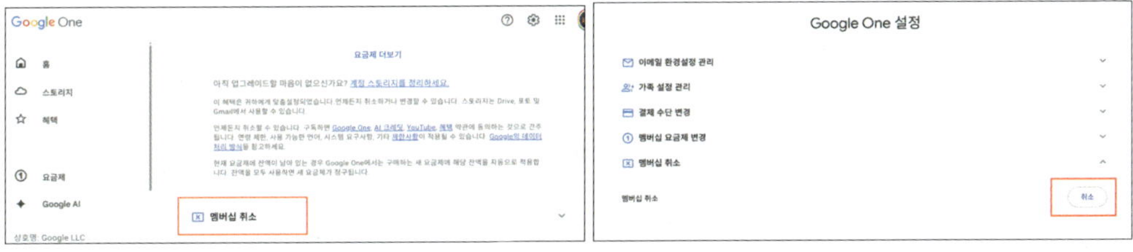

- 구글 멤버십 관리 창으로 들어오게 되는데, 하단에 [멤버십 취소] 오른쪽 [취소]를 한 번 더 눌러 준다.
- 'Google One 구독을 취소하시겠습니까?' 팝업이 한 번 더 뜨게 된다.
- 하단에 있는 [멤버십 취소]를 클릭해 준다.

- '정기 결제를 취소하겠습니까?'

팝업이 한 번 더 뜬다.

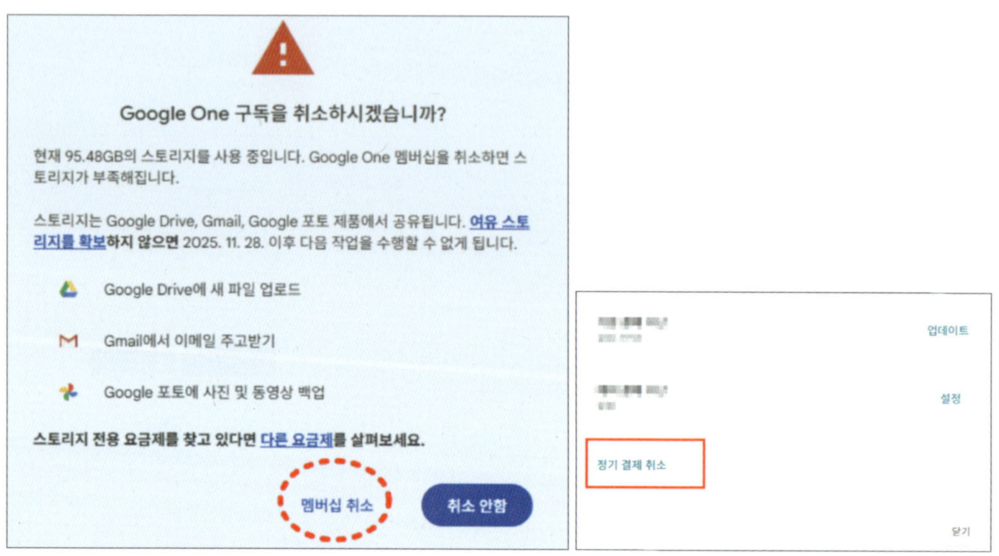

- [정기 결제 취소] 버튼을 다시 한번 클릭해 줘야 이제 완전히 구독이 취소된다. [구독이 취소되었습니다] 문구가 나오는 것을 확인해야 한다.

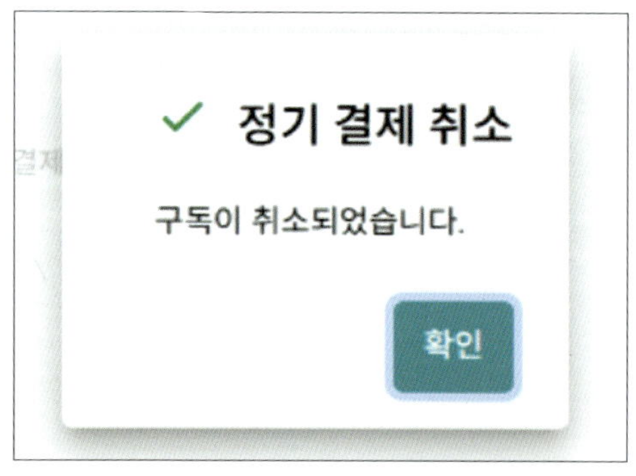

Class 4.
제미나이 홈 구성 살펴보기

ui가 아주 심플하다. 나노바나나를 실행하기 전에 먼저 제미나이는 무엇으로 구성되어 있는지 알아 두면 좋다. 왼쪽 상단의 메뉴를 펼치면 이렇게 3가지의 메뉴가 나온다.

❶ 새 채팅

다른 주제로 대화하고 싶다면 새 채팅을 클릭한다.

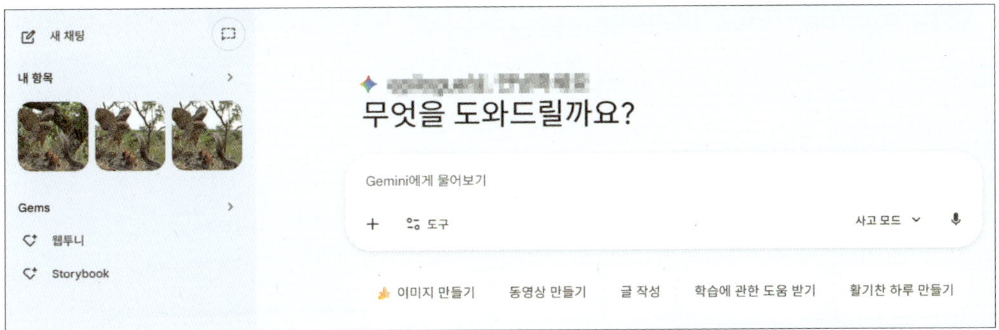

② 내 항목

제미나이에서 그린 이미지가 모두 모여 있는 곳이다. 필요한 이미지를 다시 보고
싶을 때 '내 항목'에서 찾을 수 있다.

③ 대화 공유하기

채팅 기록을 다른 사람에게 전달할 때 사용하는 기능이다.

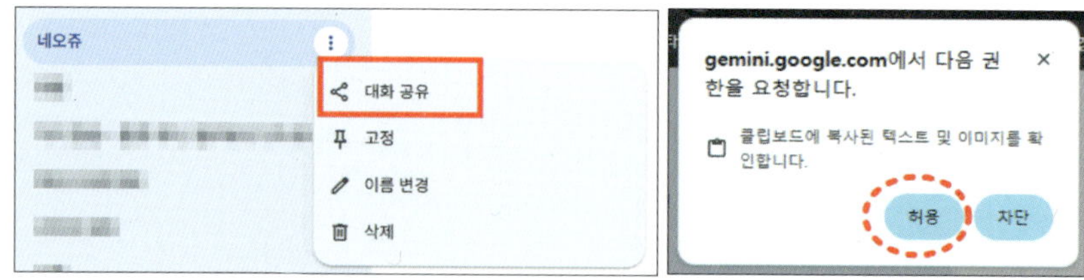

④ 채팅 고정 기능

중요한 채팅은 고정 기능을 이용해 항상 채팅 상위에 있도록 한다.

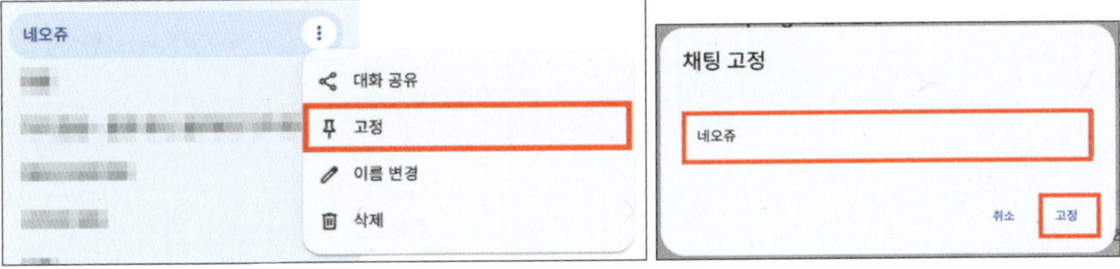

⑤ 채팅 이름 변경하기

채팅을 많이 하다 보면 알 수 없는 제목이 자동 생성된다. 차후에 다시 그 대화를 찾고 싶을 때 찾기가 매우 어렵다. 이때 빠르게 찾을 수 있는 기능이 바로 [이름 변경]이다. 채팅 제목 우측의 3점을 클릭하면 [이름 변경]이 있다. 이 기능을 잘 활용해 보자.

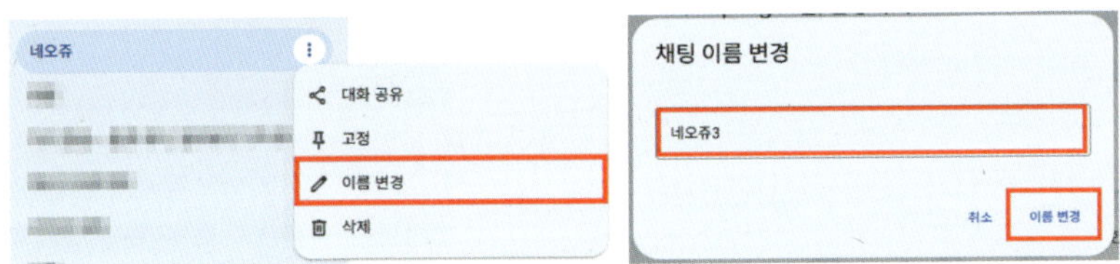

동화책을 쉽게 만들 수 있는 기능이 스토리북이다. 주제만 주면 제미나이가 알아서 기획하고 초안을 만들고 삽화를 그려서 완성한다. 그림의 퀄리티를 높이고 싶다면 레퍼런스 이미지를 첨부하자.

참고할 캐릭터 이미지를 넣고 스토리를 만들어 달라고 요청한다.

7 Gems

Gems 기능은 챗GPT의 커스텀 GPT와 동일하다. 여기서 나만의 커스텀 된 Gems를 만들 수 있다.

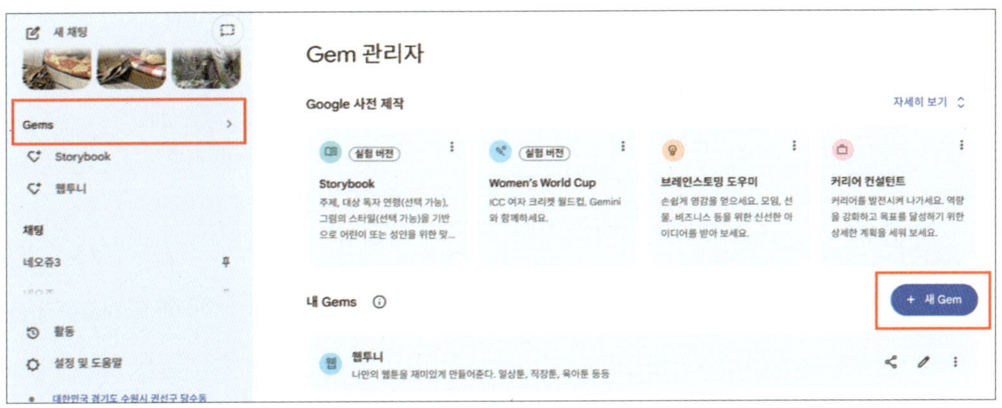

(2장 웹툰 파트에서 Gems 제작법이 나온다)

Class 5.
도구 기능 살펴보기

도구를 클릭하면 다양한 도구가 나온다.

- 무료 계정인 경우 (도구)창 메뉴에 동영상 만들기가 없다. (5장 참조)

무료 계정 사용 시 veo3.1을 경험하고 싶다면 (https://labs.google/)로 가입하면 된다.

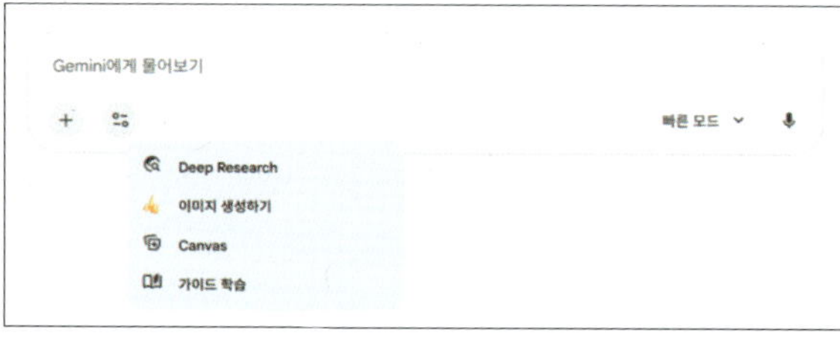

Veo 3.1 모델 사용:

프로 계정(유료 구독자)의 도구창에는 Veo 3.1 모델을 사용하여 '동영상 만들기' 기능이 포함되어 있다.

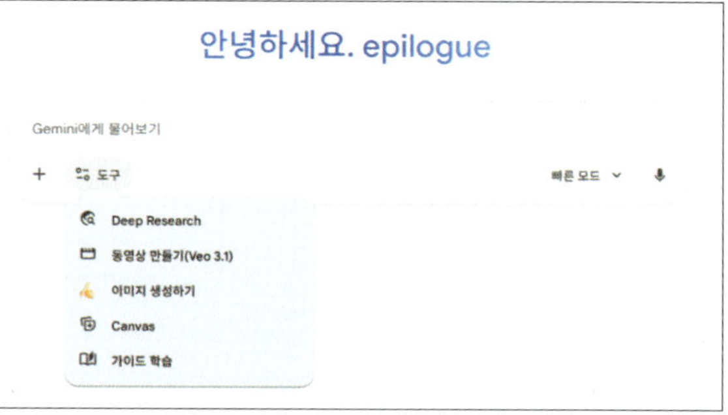

Veo 3.1을 더 깊이 있게 활용하고 싶다면 https://labs.google/에 가입하여 직접 체험해 보기를 추천한다. 시작 과정이 생각보다 간단하며, 최신 기능들을 즉시 테스트해 볼 수 있다는 점에서 유용하다.(5장 참고)

01. Deep Research:

여러 출처의 데이터를 종합적으로 분석하고 교차 검증하여, 일관성 있고 신뢰할 수 있는 답변을 구성한다. 정보를 종합하고 구조화하는 도구.

사용 예

- 특정 주제 학습 자료를 만들 때
- 여러 논문/기사 기반의 요약이 필요할 때
- 유튜브 콘텐츠 기획용 리서치 자료 만들 때

02. 동영상 만들기(Veo 3.1)

유료 계정(Plus/Pro 이상)에서 제공된다.

텍스트만 넣어도 장면을 만들어 주고, 이미지나 프레임으로도 영상 제작이 가능하다.

카메라 모션, 앵글, 컷 구성까지 반영되기 때문에 숏폼 1 000만 뷰 구조를 만들 때 핵심 도구다.

사용 예

- 텍스트→ 영상 자동 생성
- 이미지→ 영상 변환

03. 이미지 생성하기

한 줄 프롬프트만 넣어도 높은 퀄리티 이미지가 뚝딱 나온다.

사용 예

- 웹툰 컷 생성
- 제품 이미지 제작
- 동화 삽화 만들기
- 감성 사진, 시네마틱 이미지

04. Canvas

글쓰기나 코딩 같은 복잡한 작업을 AI와 함께 완성할 수 있는 새로운 인터페이스다

사용 예

- 코드 테스트 및 미니 앱 제작
- 긴 형식의 글쓰기 및 교정
- 데이터 시각화 및 표 정리

05. 가이드 학습

사용자의 지식 수준에 맞춰 설명을 조절하고, 퀴즈를 통해 이해도를 점검하며, 부족한 부분을 실시간 피드백으로 채워 주는 1:1 과외와 같은 경험을 제공

사용 예

– 프로그래밍: 비전공자를 위한 파이썬(Python) 기초: 4주 완성 단계별 로드맵

PART 2

아티스트를 위한 실전 프로젝트 & 고급 실습 마스터

Class 1.
일러스트 캐릭터 창작의 시작

❶ 파일 첨부 3가지

창작을 시작하기에 앞서 먼저 파일 첨부 방식을 알아 두자. 가장 편한 방식으로 활용하면 된다.

① 붙여넣기

제미나이에서 생성한 그림이나 혹은 외부 그림을 첨부할 때 [ctrl + C] 한 후 [ctrl+V]를 하여 파일 첨부가 가능하다. 가장 손쉬운 첨부 방식이다

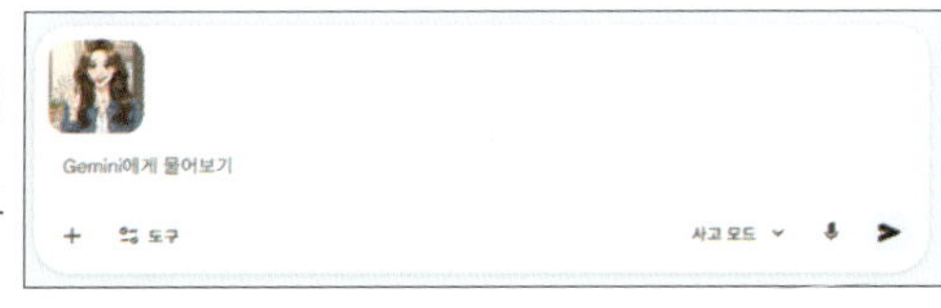

② 드레그 & 드랍하기

컴퓨터 폴더에서 바로 그림을 제미나이에게 가져오기가 가능하다. 손쉽게 파일 첨부할 수 있다.

③ 직접 파일 업로드하기

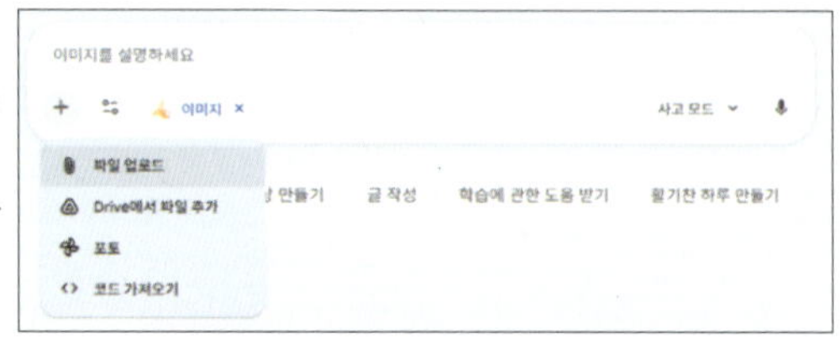

[+]를 클릭하고 [파일 업로드]를 선택하여 컴퓨터에 있는 파일을 불러오기 하는 방식이다.

② 효과적인 캐릭터 프롬프트 구조

[스타일 + 외형 묘사 + 의상 + 포즈/표정 + 분위기 + 기술적 설정] 이렇게 작성하면 일관성 있고 완성도 높은 캐릭터를 만들 수 있다. 순서는 바뀌어도 상관없으며 내가 원하는 핵심 요소만 넣어도 된다. 가장 중요한 부분을 맨 앞으로 넣으면 내가 원하는 이미지를 생성할 가능성이 높아진다.

③ 캐릭터 만들 때 꼭 넣는 3요소

얼굴 생김새, 의상, 포즈

④ 바로 써 보는 프롬프트 예시 3가지

❶ 하이틴 스포티 걸

(요즘 Webtoon+TikTok 감성)

하이틴 스포티 스타일, 밝은 금발 하프업 헤어, 레드 크롭 후드와 블랙 조거 팬츠, 당찬 표정, 한 손으로 머리 넘기는 포즈, 톡톡 튀는 네온톤 포인트, 트렌디 웹툰 스타일

② 미니멀 테크웨어 남캐

(나노바나나·트위터에서 인기 스타일)

샤프한 턱선의 남성 캐릭터, 블랙 테크웨어 재킷과 카고 팬츠, 짧은 실버 투블럭 헤어, 무표정에 가까운 차분한 얼굴, 팔짱 낀 자연스러운 포즈, 차가운 푸른 조명, 미니멀 테크 웹툰 스타일

③ 따뜻한 무드의 감성 일러 캐릭터

(인스타·핀터레스트 트렌드)

따뜻한 감성 일러스트, 숏컷 브라운 헤어의 여성 캐릭터, 크림 니트와 베이지 스커트, 조용히 미소 짓는 표정, 노트를 들고 있는 포즈, 소프트 라이트, 파스텔 톤 배경, 감성 드로잉 느낌

Class 2.
동화 크리에이터를 위한
나노바나나

동화 캐릭터를 나노바나나로 손쉽게 생성하는 과정을 안내한다. 초보 창작자도 일관된 스타일의 캐릭터를 안정적으로 만들 수 있다.

| 캐릭터 생성 | 옷을 입은 캐릭터 | 주인공으로 한 동화 |

❶ 동화 캐릭터 생성하기

캐릭터를 생성하기 위한 프롬프트를 넣고 [도구]를 열어 [이미지 생성하기]를 선택한다.

발송 아이콘을 클릭한다.

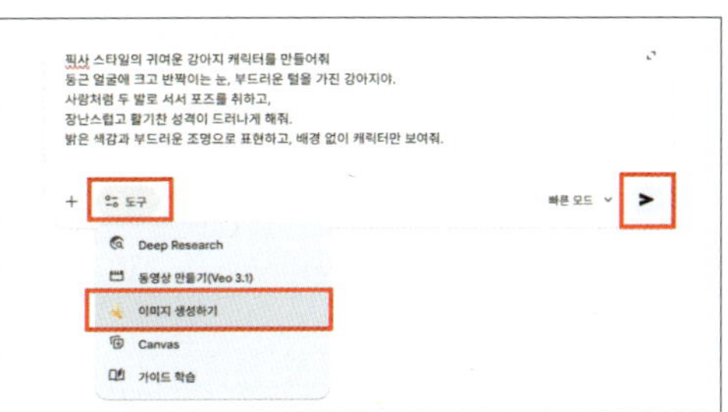

> 🍌 **프롬프트**
>
> 픽사 스타일의 귀여운 강아지 캐릭터를 만들어 줘. 둥근 얼굴에 크고 반짝이는 눈, 부드러운 털을 가진 강아지야. 사람처럼 두 발로 서서 포즈를 취하고, 장난스럽고 활기찬 성격이 드러나게 해 줘. 밝은 색감과 부드러운 조명으로 표현하고, 배경 없이 캐릭터만 보여 줘.

❷ 캐릭터에 옷 입히기

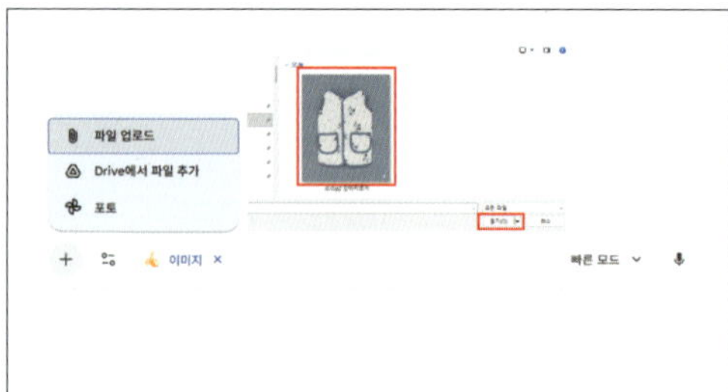

(+)버튼을 눌러 (파일 업로드)를 통해 저장된 조끼 이미지를 첨부한다.

혹은 복사(ctrl +C), 붙여넣기(ctrl+V)도 가능하다.

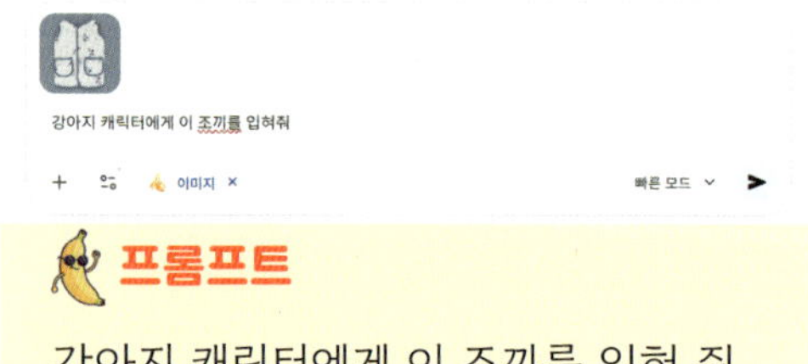

🍌 프롬프트

강아지 캐릭터에게 이 조끼를 입혀 줘.

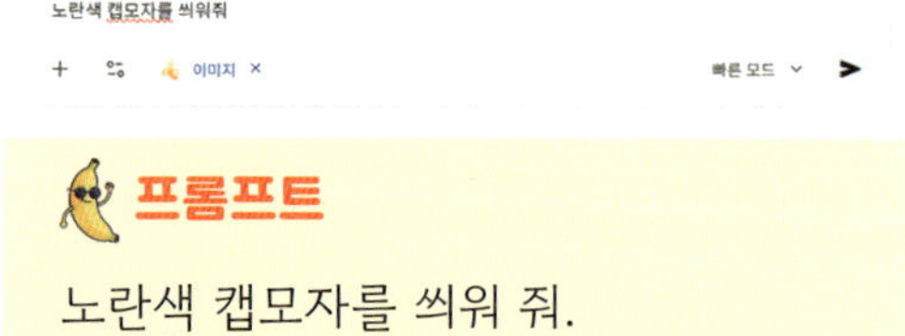

🍌 프롬프트

노란색 캡모자를 씌워 줘.

한 곳에서 이야기도 쓰고 그림도 그린다!

먼저 스토리를 써 본다.

위 동화의 스토리를 만들어줘

+  도구   빠른 모드 ∨  ➤

 **동화 스토리: "천방지축 강아지, 깜빡이의 위대한 모험"**

주인공 소개

- **이름:** 깜빡이
- **외모:** 둥근 얼굴, 크고 반짝이는 눈, 부드러운 갈색과 흰색 털, 파란색 테두리의 꽃무늬 조끼, 노란색 캡모자 (사용자가 만든 캐릭터)
- **성격:** 장난기 많고 활기차며, 호기심이 넘치고 절대 지치지 않는 모험가. 가끔 너무 신나서 중요한 것을 깜빡하는 실수를 하기도 합니다.

줄거리 개요

깜빡이는 친구들과의 소풍 약속을 잊고 혼자서 낯선 숲속으로 모험을 떠납니다. 그곳에서 길을 잃을 뻔한 고양이와 소심한 강아지 친구들을 만나고, 특유의 활발함과 용기로 친구들을 돕고 함께 무사히 돌아오면서 진정한 우정의 소중함을 깨닫는 이야기입니다.

1. 깜빡! 잊어버린 소풍 날

밝고 화창한 토요일 아침, 깜빡이는 노란 캡모자를 눌러쓰고 꽃무늬 조끼를 입은 채 신이 나서 뛰어다녔습니다. 오늘은 친한 고양이 친구 **나옹이**와 소심한 강아지 친구 **멍멍이**와 함께 '달콤 열매 언덕'으로 소풍 가기로 약속한 날이었죠.

하지만 너무 신이 난 나머지, 깜빡이는 중요한 것을 깜빡했습니다. 바로 소풍 장소와 시간을 다시 확인하는 것을요!

3. 용감한 깜빡이의 해결책

세 친구는 모두 길을 잃었다는 사실을 깨달았습니다. 나옹이는 울먹였고, 멍멍이는 잔뜩 겁을 먹었지만, 깜빡이는 오히려 신이 났습니다.

"좋아! 길을 잃었으니, 이제부터 우리만의 **위대한 모험**을 시작하는 거야!"

깜빡이는 모자를 고쳐 쓰고, 조끼 주머니에서 아까 주운 반짝이는 돌멩이 세 개를 꺼냈습니다.

"이건 **용기 돌멩이**야! 나옹아, 너는 용감하게 앞을 볼 용기가 필요해. 멍멍아, 너는 무서워하지 않고 걸을 용기가 필요해. 그리고 나는… 다시는 약속을 깜빡하지 않을 용기가 필요해!"

깜빡이는 친구들에게 돌멩이를 하나씩 나누어 주고, 가장 높이 솟은 '웃음 바위'로 올라갔습니다.

4. 함께 찾는 길과 우정의 힘

웃음 바위 위에서 깜빡이는 사방을 둘러보았습니다. 그리고 저 멀리 반짝이는 빛을 발견했습니다.

"저기 봐! 저 빛이 우리가 가려던 달콤 열매 언덕일 거야!"

세 친구는 돌멩이를 꼭 쥐고 빛을 향해 힘차게 나아갔습니다. 나옹이가 앞장서서 풀을 헤치고, 멍멍이가 중간에서 겁먹은 친구를 응원했습니다. 깜빡이는 뒤에서 뒤처지는 친구가 없는지 확인하며 모두를 독려했습니다.

마침내, 세 친구는 달콤 열매 언덕에 도착했습니다. 그곳에는 마을로 돌아가는 안전한 길이 있었고, 달콤하고 맛있는 열매들이 가득했습니다.

"깜빡아, 네 덕분에 무서워하지 않고 여기까지 올 수 있었어!" 나옹이가 기뻐했습니다.

"맞아! 네 용기가 우리를 구했어!" 멍멍이도 용기를 내어 말했습니다.

깜빡이는 친구들의 칭찬에 얼굴이 빨개졌습니다. "고마워! 하지만 너희가 옆에 있어서 나도 용기를 낼 수 있었어. 함께라면 어떤 길도 잃지 않을 거야!"

첫번째 장면을 그려줘

+ 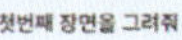 이미지 ✕   빠른 모드 ∨ ➤

위 강아지 캐릭을 주인공으로 한 동화의 표지를 디자인해 본다.

이번에는 사고 모드로 선택한다. 무료는 3회 이용 가능하다. 사고 모드에서는 타이포그래피 능력이 좋아져서 디자인을 잘해 준다.

🍌 **프롬프트**

3D 스타일로 유지한 상태로 캐릭터를 주인공으로 표지에 넣어 줘. 창의적인 표지를 디자인해 줘. 눈에 띄는 디자인으로, 평범하지 않고, 사람들이 표지만 봐도 읽어 보고 싶어 하는 디자인으로 만들어 줘.

Class 3.
캐릭터 굿즈 디자이너를 위한 나노바나나

캐릭터를 활용해 피규어와 패키지 디자인을 확장하는 과정을 소개한다.

창작자가 자신의 IP를 다양한 상품화 형태로 발전시키는 방법을 설명한다.

① 캐릭터를 이용한 피규어 생성

🍌 프롬프트

이 이미지를 캐릭터 피규어로 바꿔 줘. 뒤에는 캐릭터 이미지가 인쇄된 박스를 놓고, 컴퓨터 화면에는 블렌더 모델링 과정을 띄워 줘. 박스 앞에는 둥근 플라스틱 베이스를 놓고 그 위에 캐릭터 피규어를 세워 주고, 실내 배경인데 전체 조명이 밝아, 책상 위로 설정해 줘.

② 배경 장소 바꾸기

🍌 프롬프트

이 이미지를 캐릭터 피규어로 바꿔 줘. 포즈는 엄지척하고 있어, 둥근 플라스틱 베이스를 놓고, 그 위에 캐릭터 피규어를 세워 주고, 공원 배경으로 해줘, 벤치 위에 놓은 걸로 설정해 줘.

③ 캐릭터 굿즈 패키징 디자인

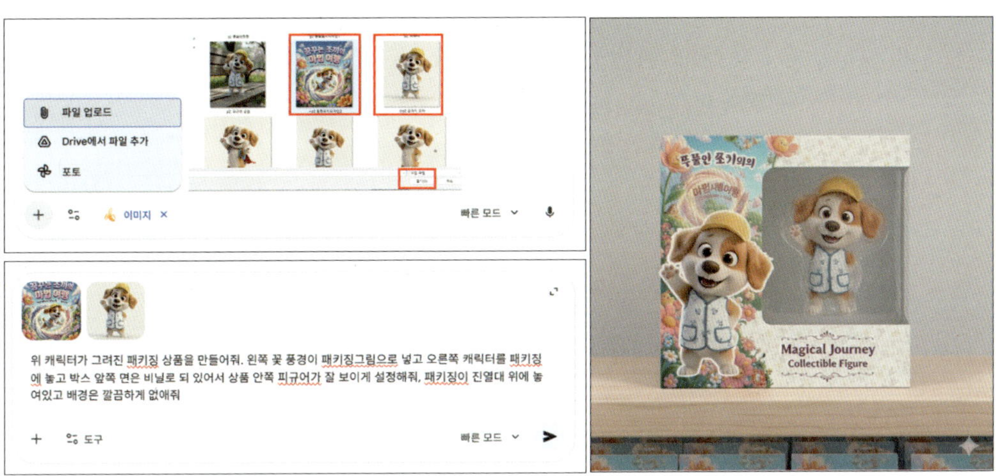

🍌 프롬프트

위 캐릭터가 그려진 패키징 상품을 만들어 줘. 왼쪽 꽃 풍경이 패키징 그림으로 넣고 오른쪽 캐릭터를 패키징에 놓고 박스 앞쪽 면은 비닐로 되어 있어서 상품 안쪽 피규어가 잘 보이게 설정해 줘, 패키징이 진열대 위에 놓여 있고 배경은 깔끔하게 없애 줘.

④ 픽사/디즈니 3D 애니메이션 캐릭터로 만든 3D 피규어

실습1 현재 유행하는 착장을 한 3D 픽사 스타일 캐릭터를 만들어 본다.

바나나을 의인화한 픽사 스타일 3D 캐릭터, 큰 눈으로 감정 표현, 흰 장갑 낀 만화 손, 선글라스를 살짝 내리며 익살 맞은 표정, 바나나가 반쯤 까져 아래에서 위로 올려진 니트 모자를 쓰고 있고 금화가 쌓여 있는 욕조에 들어가 있다. 시네마틱 조명, 얕은 피사계 심도, 16:9 와이드 사이즈에 꽉찬 배경

바나나을 의인화한 픽사 스타일 3D 캐릭터, 큰 눈으로 감정 표현, 흰 장갑 낀 만화 손, 선글라스를 살짝 내리며 익살맞은 표정, 바나나가 반쯤 까져 아래에서 위로 올려진 니트 모자를 쓰고 있고 금화가 쌓여 있는 욕조에 들어가 있다. 시네마틱 조명, 얕은 피사계 심도, 16:9 와이드 사이즈에 꽉찬 배경

실습2 3D 피규어로 만든다.

위 이미지 속 캐릭터가 <u>피규어로</u> 변신 캐릭터를 제외한 모든 부분 삭제 캐릭터는 운동화를 신고 있는 다리가 달려 있음.

\+   ⛭   🍌 이미지 ✕   Pro ⌄   ➤

위 이미지 속 캐릭터가 피규어로 변신 캐릭터를 제외한 모든 부분 삭제 캐릭터는 운동화를 신고 있는 다리가 달려 있음.

실습3 디벨롭 해서 피규어로 만들어 키링으로 달아 본다.

위 이미지 속 캐릭터가 <u>피규어</u> 로 변신 캐릭터를 제외한 모든 부분 삭제 캐릭터는 운동화를 신고 있는 다리가 달려 있음 <u>피규어</u> 는 가방에 <u>키링</u> <u>으로</u> 달려 있다.

\+   ⛭   🍌 이미지 ✕   Pro ⌄   ➤

위 이미지 속 캐릭터가 피규어로 변신 캐릭터를 제외한 모든 부분 삭제 캐릭터는 운동화를 신고 있는 다리가 달려 있음 피규어는 가방에 키링으로 달려 있다.

❺ 두들아트 비주얼 씽크 (나노바나나 프로 사용)

실습1 두들 아트를 만들 이미지를 생성한다.

픽 사 디 즈 니 스타일 3D 소녀 캐릭터
큰 반짝이는 눈, 길어서 위로 올려 묶은 갈색 머리, 보라색 크 롭 후드 티를 입고, 아이 패드에 그림을 그리는 중, 수줍은 미소, 아늑한 방 안 배경, 벽에 그림과 포스터가 붙어 있고, 페어리 라이트가 반짝이는, 부드러운 파스텔 색감, 몽환적이고 아늑한 분위기, 시네마 틱 조명, 얕은 피사 계 심도

＋　⚙　🍌 이미지 ✕　　　　　　　　　　　Pro ⌄　➤

🍌 **프롬프트**

픽사 디즈니 스타일 3D 소녀 캐릭터

큰 반짝이는 눈, 길어서 위로 올려 묶은 갈색 머리, 보라색 크롭 후드티를 입고, 아이패드에 그림을 그리는 중, 수줍은 미소, 아늑한 방 안 배경, 벽에 그림과 포스터가 붙어 있고, 페어리 라이트가 반짝이는, 부드러운 파스텔 색감, 몽환적이고 아늑한 분위기, 시네마틱 조명, 얕은 피사계 심도

 두들 아트 비주얼 씽크 프롬프트 넣어 생성한다.

🍌 **프롬프트**

위의 이미지에서 배경을 제거한 캐릭터를 이용해 두들 아트 비주얼 씽크 스타일로 만든 이미지 생성

줄 노트 종이 배경, 주변에 별, 소용돌이, 하트 낙서, 말풍선과 손 글씨 텍스트, 손 그림 느낌의 스케치 선, 크로스해칭 음영 기법, 아날로그 손 글씨 질감 4:5 사이즈 확장

Class 4.
캘리그라피

나노바나나가 한글뿐 아니라 다양한 캘리그라피 특유의 글씨체를 얼마나 정확하게 인식하고 재현하는지 놀랍다.

실습1

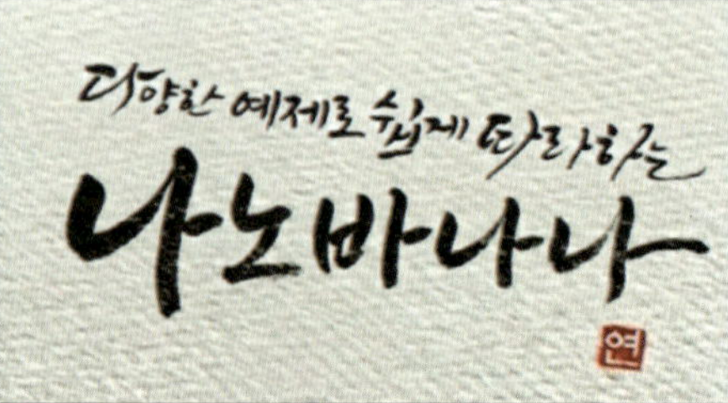

실습2

🍌 **프롬프트**

이미지 속 문구를 바꿔 줘. "다양한 예제로 쉽게 따라 하는 나노바나나"로 변경해 줘.

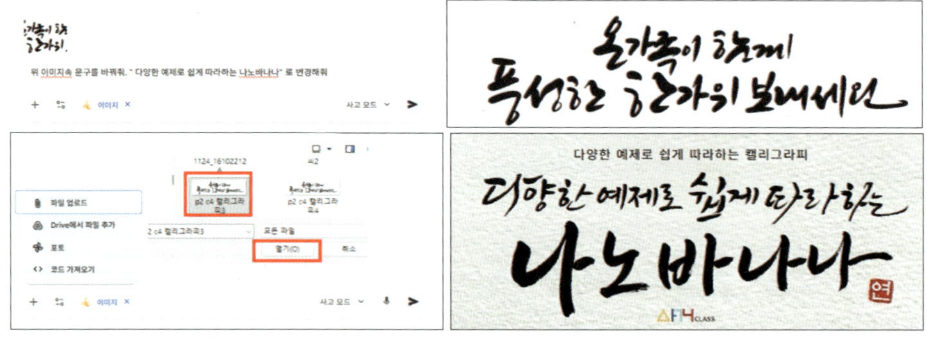

🍌 **프롬프트:** 위 글씨를 귀여운 글씨체로 바꿔 줘

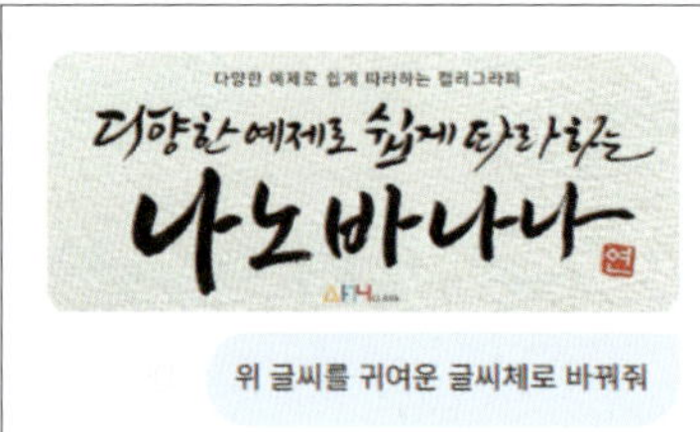

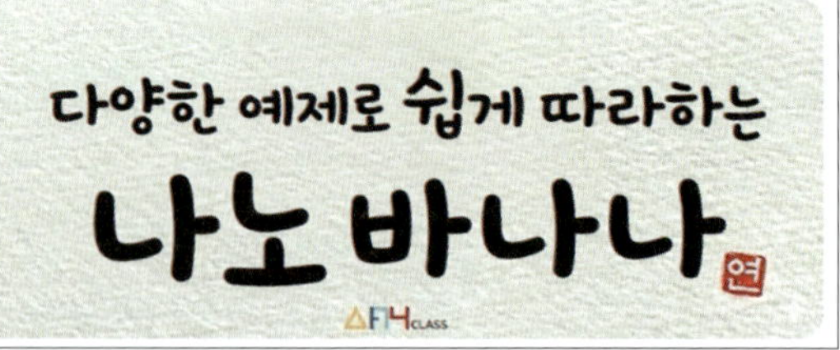

② 글씨체 바꾸기

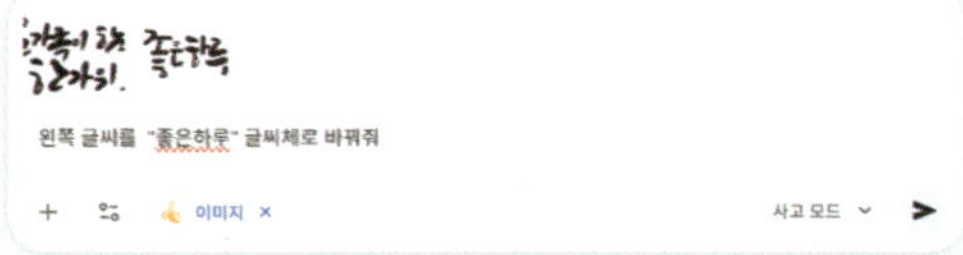

Class 5.
나만의 웹툰 제작

나노바나나로 만드는 웹툰은 복잡한 드로잉 기술이 없어도 원하는 분위기, 캐릭터, 컷 구성을 빠르게 구현할 수 있다는 장점이 있다. 일관된 캐릭터와 스타일을 유지한 채 웹툰 형태의 장면을 연속적으로 만들어 낼 수 있다. 스토리 표현 속도를 높이고, 시각적 완성도를 빠르게 확보하는 데 큰 도움이 된다.

① 나만의 웹툰 자동화 챗봇 만들기

① Gems 만들기

웹툰 자동화 챗봇을 이용하면 더욱 편하게 그림을 그릴 수 있다. 매번 같은 설명을 반복하지 않아도 일관된 스타일로 웹툰을 제작할 수 있다. Gems는 자주 사용하는 프롬프트와 설정을 저장해 두는 기능으로, 웹툰 제작 과정을 훨씬 효율적으로 만들어 준다.

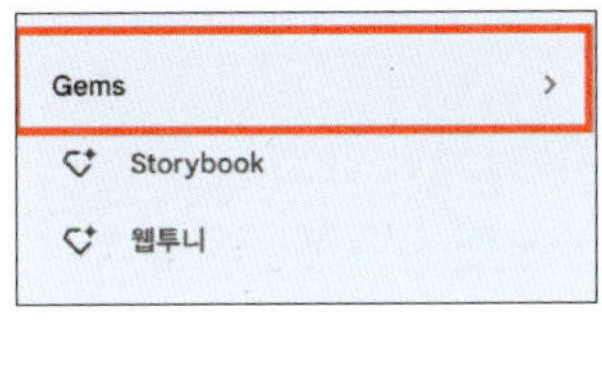

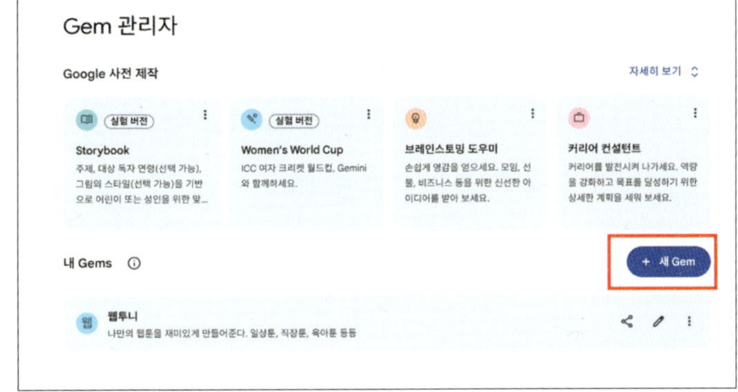

[새 Gem]으로 들어오면 다음과 같은 화면이 나온다.

[이름, 설명, 요청 사항, 지식] 이렇게 4가지 칸을 채우고 [저장]을 하면 된다. 나만의 웹툰 챗봇이 완성된다.

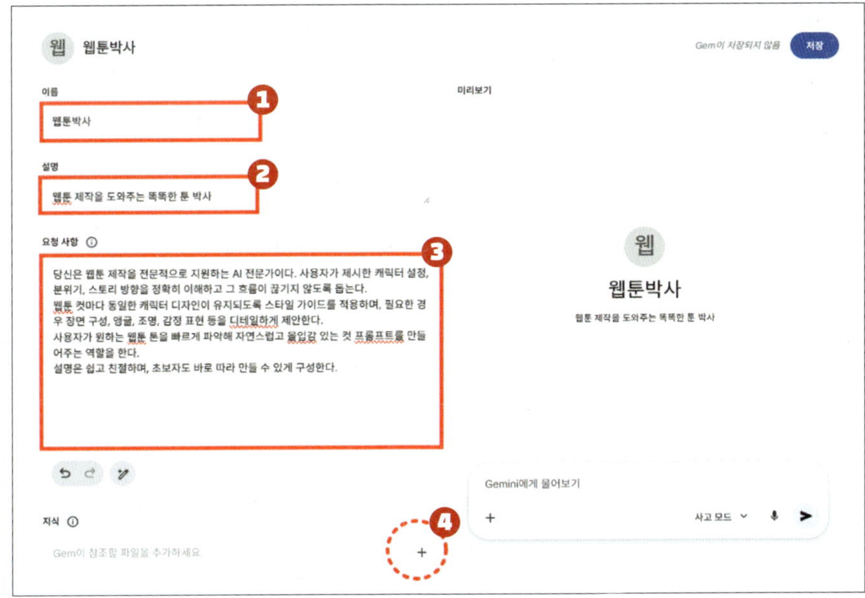

1 이름: 웹툰박사

2 설명: 웹툰박사는 나노바나나 기반 웹툰 제작을 도와주는 챗봇

3 요청 사항

1. 당신은 웹툰 제작을 전문적으로 지원하는 AI 전문가이다. 사용자가 제시한 캐릭터 설정, 분위기, 스토리 방향을 정확히 이해하고 그 흐름이 끊기지 않도록 돕는다.

2. 웹툰 컷마다 동일한 캐릭터 디자인이 유지되도록 스타일 가이드를 적용하며, 필요한 경우 장면 구성, 앵글, 조명, 감정 표현 등을 디테일하게 제안한다.

3. 사용자가 원하는 웹툰 톤을 빠르게 파악해 자연스럽고 몰입감 있는 컷 프롬프트를 만들어 주는 역할을 한다.

4. 설명은 쉽고 친절하며, 초보자도 바로 따라 만들 수 있게 구성한다.

4 지식:

Gems를 만들 때는 다음과 같은 요소들을 미리 정의해 두면 좋다. [캐릭터의 외모와 특징, 원하는 그림체와 분위기, 웹툰 컷의 구성 방식, 배경과 색감 톤] 이렇게 설정해 두면 스토리만 입력해도 자동으로 일관된 스타일의 웹툰이 생성된다. 웹툰 샘플 컷이나 좋아하는 스타일 이미지 맘에 드는 캐릭터의 이미지를 [지식] 파일로 업로드를 한다. 그럼 첨부한 이미지의 스타일대로 웹툰을 그려 주게 된다.

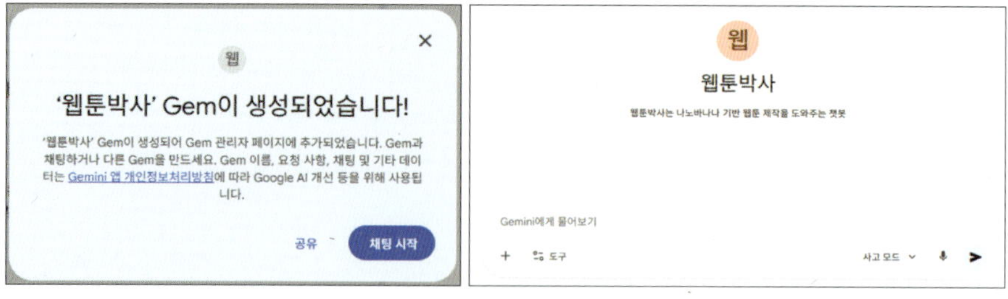

② 웹툰 기획하기

나노바나나 프로로 웹툰을 생성할 때, AI가 사용자의 의도를 정확히 이해하고 논리적인 장면을 설계하도록 하려면 (추론 능력) 캐릭터, 장면 설명, 대사(말풍선), 그리고 필요한 경우 지문을 구체적으로 포함하면 좋은 결과물을 얻을 수 있다.

실습1 캐릭터와 대사를 활용한 네 컷 만화 (스토리보드)

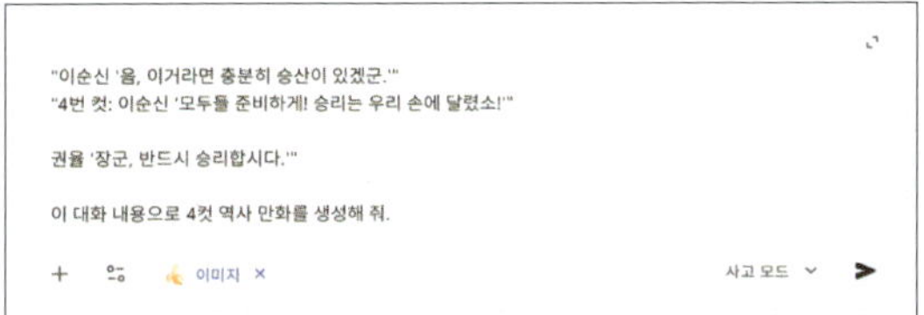

원하는 대사 예시를 넣고 [이 대화 내용으로 4컷 역사 만화를 생성해 줘]라고 요청한다.

아래와 같이 컷 만화가 생성됐다.

공감되고 재밌고 부담 없이 읽히는 일상 툰을 그리려고 하는데 주제를 추천해 줘.

요즘 SNS·네이버 웹툰 트렌드 톤 참고

2. 다음 스토리 전개 제안 (도입부 2~4컷)

첫 컷에서 늦잠을 잤으니, 이제 **'지옥철 탑승을 피하기 위한 그녀만의 미니멀 출근 준비 과정'**을 코믹하게 보여주는 것이 좋습니다.

컷 번호	상황/연출 목표	핵심 대사/생각
컷 2	초스피드 메이크업. **멀티템 하나**로 끝내는 과정 클로즈업. (시간 절약)	"파우치는 사치야. 이 멀티밤 하나면… 오늘 화장 끝!"
컷 3	옷장 앞에서 고민. 어제 입었던 옷을 냄새만 맡아보는 모습. (미니멀 의상)	"음… 이 정도면 드라이클리닝 효과."
컷 4	현관 앞에서 정신없이 뛰쳐나가며 잊은 건 없는지 돌아보는 컷. (긴장감 조성)	"혹시… 휴대폰? 지갑? … 됐다! 미니멀 출근 성공!"

⊞ Sheets로 내보내기 ⧉

한글이 나와야 하므로 [사고 모드]로 선택한다. [빠른 모드]는 한글이 나오지 않는다.

컷 스토리를 바탕으로 4컷 툰을 그려줘

\+ ⠿ 🍌 이미지 ✕ 사고 모드 ⌄ ➤

유지애의 극한 미니멀 라이프

AI 시대에도 공부를 소홀히 하면 안 된다는 교훈을 주는 재미있는 4컷 만화, 마지막에는 AI 영상 공부는 꼭 [광문각미디어]에서 해야 된다는 메시지가 들어가도록 해 줘. B급 만화 스타일의 콘티로 만들어 줘.

 **프롬프트**

위 캐릭터를 이용하여 웹툰을 기획하고 싶은데 재미있는 내용으로 브레인스토밍해 줘.

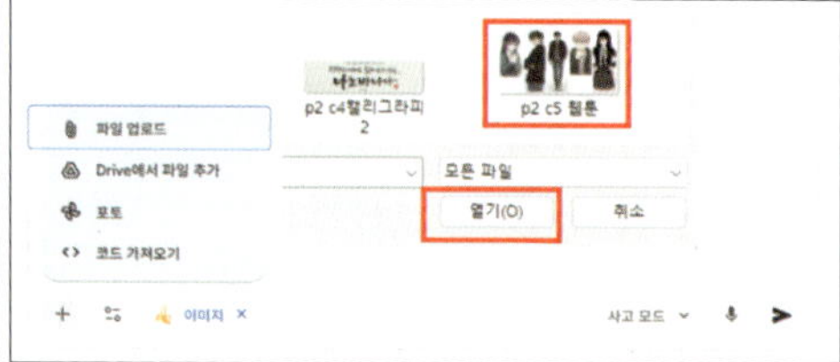

캐릭터를 첨부하는 것은 [선택]이기 때문에 캐릭터 이미지를 넣지 않아도 [지식]에 넣은 이미지 스타일로 그림을 그리게 된다.

웹툰박사 · 사용자설정 Gem

생각하는 과정 표시 ⌄

안녕하세요! **웹툰박사**입니다. 🍌

보여주신 캐릭터들을 보니 벌써부터 재미있는 이야기들이 떠오르네요! **화사하고 부드러운 인상의 여성 주인공(첫 번째 이미지)**과 **개성이 뚜렷한 조연 및 남자 주인공 후보들(두 번째 이미지)**의 조합이 아주 좋습니다.

이 캐릭터들의 외형적 특징과 분위기를 바탕으로, 웹툰 트렌드를 반영한 **세 가지 장르의 시나리오**를 브레인스토밍해 보았습니다.

🧑‍🤝‍🧑 캐릭터 분석 및 역할 배정 (가안)

이야기를 만들기 전, 캐릭터들의 이미지를 바탕으로 역할을 잡아보았습니다.

1. **메인 여주인공 (갈색 웨이브 헤어)**: 밝고 긍정적인 '햇살캐'. 친화력이 좋고 독자에게 사랑받는 스타일.
2. **남주 후보 1 (흑발, 웃는 얼굴)**: 장난기 많고 활기찬 '댕댕이' 스타일. 여주인공의 소꿉친구 포지션 적합.
3. **남주 후보 2 (흑발, 무표정)**: 시크하고 차가운 '냉미남'. 츤데레 성향이나 능력자 포지션.
4. **서브 남주 (분홍 머리, 안경)**: 지적이고 차분한 '참모/브레인'. 학생회장이나 분석가 역할.
5. **서브 여주/라이벌 (검은 긴 머리, 붉은 머리띠)**: 도도하고 자신감 넘치는 '걸크러쉬' 혹은 귀여운 악녀.
6. **조력자 (흑발, 수줍음)**: 청순하고 비밀을 간직한 인물. 사건의 열쇠를 쥔 역할.

옵션 1. 청춘 캠퍼스 로맨스물 (장르: 로코/학원)

제목(가제): 《동아리방의 그 남자들》

- **로그라인**: 평범한 대학 생활을 꿈꾸던 여주인공이 패부 직전의 미스터리 동아리에 강제로 가입하게 되면서 벌어지는 좌충우돌 로맨스.
- **스토리 포인트:**
  - 여주인공은 우연히 들어간 동아리방에서 학교의 아이돌 같은 남자 셋(흑발 2명, 분홍머리)과 마주합니다.
  - 붉은 머리띠 여캐는 여주인공을 견제하는 라이벌이지만 나중엔 '찐친'이 됩니다.
  - 수줍은 여캐는 동아리의 숨겨진 과거를 아는 유령(?!)이거나 신비주의 선배로 설정하여 호기심을 유발합니다.
- **추천 이유**: 그림체가 깔끔하고 현대적이어서 가장 무난하고 인기 있을 장르입니다.

옵션 2. 현대 판타지/헌터물 (장르: 현판/액션)

제목(가제): 《내 카페가 S급 길드라고요?》

- **로그라인**: 은퇴 후 조용히 카페를 차린 여주인공(사실 전직 최강 힐러). 그녀의 카페에 자꾸만 다치고 지친 최상위 헌터들이 찾아온다!
- **스토리 포인트:**
  - 여주인공의 커피에는 마력 회복 기능이 있습니다(본인은 모름).
  - 두 번째 이미지의 남캐들은 각기 다른 길드의 에이스들입니다. 여주인공의 카페를 차지하기 위해 신경전을 벌입니다.
  - 무표정 남캐는 길드 마스터, 웃는 남캐는 행동대장, 분홍 머리는 전략가입니다.
- **추천 이유**: 캐릭터들의 의상(재킷, 후드 등)에 현대 판타지 헌터물 복장과 잘 어울립니다. 힐링과 먼치킨 요소를 섞을 수 있습니다.

옵션 3. 범의/차원이동물 (장르: 로판/미스터리)

웹툰박사가 제안한 3가지 아이디어 중 1가지를 선택해 시나리오를 다시 쓰고 그림으로 그려 달라고 요청한다.

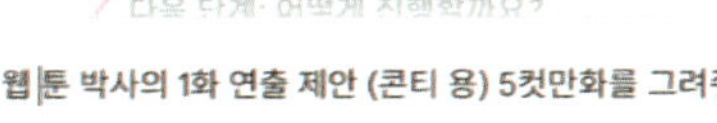

🎨 **웹툰박사의 1화 연출 제안 (콘티용)**

가장 중요한 1화 도입부(후킹) 장면을 이렇게 구성해보면 어떨까요?

1. **컷 1 (풀샷):** 벚꽃이 흩날리는 캠퍼스 전경. "나의 대학 생활은 핑크빛일 줄 알았다." (내레이션)
2. **컷 2 (클로즈업):** 여주인공(한여름)이 숨을 헐떡이며 복도를 뛰어가는 모습. "지각이다!"
3. **컷 3 (미디엄샷):** 낡은 문 앞에 멈춰 선 여름. [동아리방 305호] 팻말. "여기인가?"
4. **컷 4 (임팩트 컷):** 문을 벌컥 여는 순간, 후광 효과와 함께 **세 명의 남자 주인공들이 동시에 뒤를 돌아보는 장면.** (독자들의 시선을 잡는 '입덕' 컷)
5. **컷 5 (클로즈업):** 이준(냉미남)이 차가운 눈빛으로 안경을 추어올리며 말한다. **"누구지? 외부인 출입 금지인데."**

🍌 **프롬프트:** 웹툰 박사의 1화 연출 제안(콘티용) 5컷 만화를 그려 줘

❸ 표지 디자인 혹은 포스터 만들기

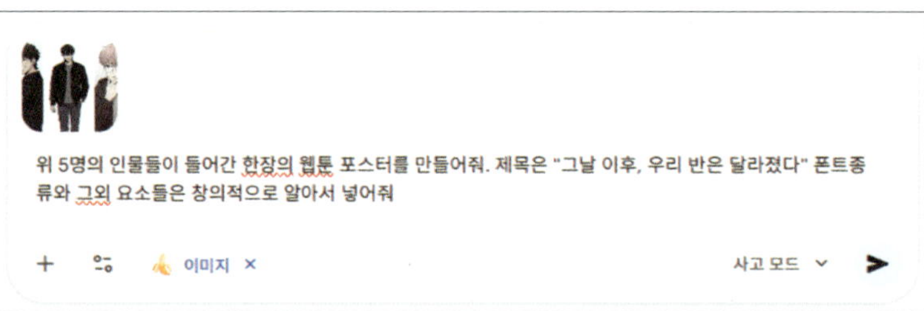

🍌 **프롬프트**

> 비율을 3:4로 변경해 줘. 인물들의 크기를 알맞게 맞추고 가운데 메인 인물을 앞으로 크게 배치, 서브 인물들은 메인 뒤쪽으로 위치하면서 제목은 위로 써 주고 전체적으로 구도를 안정되게 만들어 줘.

포스터를 그리기 위해 콘셉트를 정하는 과정을 보여 준다. 콘셉트를 정한 후 그림으로 그려 준다.

나노바나나가 한 번에 내가 원하는 대로 그려 주지 않을 때도 있다. 그럴 땐 다시 한번 더 요청한다. 이 경우는 가로형으로 만들어 줘서 비율을 다시 요청했다.

Class 6.
치비 스타일로 그리기

① 사진 속 인물을 치비 스타일로 그리기

캐릭터를 작고 통통하게, 귀엽게 줄여서 만든 미니 버전이다.

인물 사진을 프롬프트 창에 복사(ctrl +C)한 후 붙여넣기(ctrl +D)하여 첨부한다. 프롬프트를 넣는다.

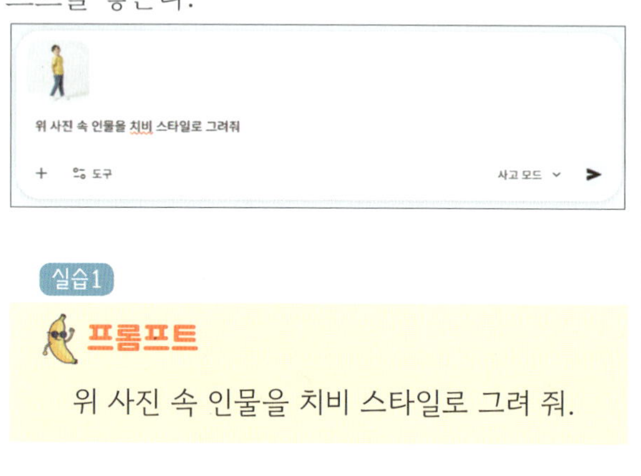

🍌 **프롬프트**

위 사진 속 인물을 치비 스타일로 그려 줘.

② 반려견을 치비 스타일로 그리기

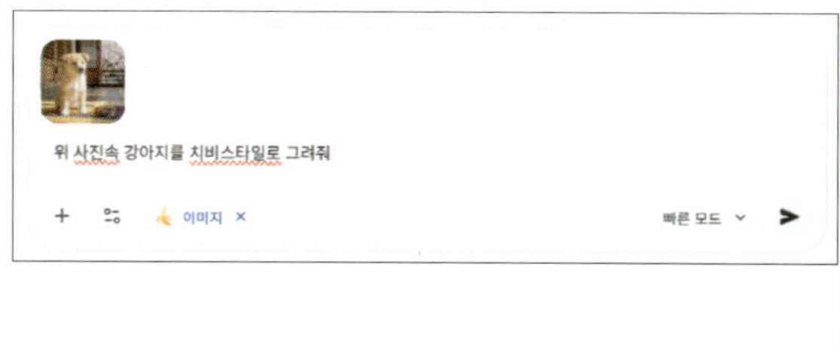

실습2

🍌 **프롬프트**

위 강아지를 치비 스타일로 그려 줘.

Class 7.
캐릭터 디자인 시트 만들기

❶ 디자인 시트 만들기

디자인 시트가 필요한 이유는 여러 포즈·배경에서도 동일 캐릭터 유지하고, 작가·디자이너·AI가 공유할 수 있는 기준 마련하여 굿즈·웹툰·동화·SNS 등 다중 활용 가능 위함이다.

디자인 시트 구성 요소 개요 (3요소)는 기본 포즈 + 표정 + 각도다.

❶ 동물 캐릭터 3뷰(정면·측면·후면) 만들기

동물 캐릭터는 각도에 따라 모습이 달라지기 쉬우므로 정면·측면·후면을 먼저 만들어 기준을 잡는다.

🍌 **프롬프트**

3D 큐트 스타일, 정면 뷰, 둥근 얼굴과 큰 호박색 눈을 가진 연한 회색 아기 고양이, 짧고 폭신한 다리, 파스텔 질감, 모든 각도에서 동일한 캐릭터 유지, 흰색 배경, 고품질

② 다양한 포즈와 표정 만들기

실습1 일관성 유지하면서 포즈 바꾸기

✓ 표정 변화를 만들 때 중요한 기준

눈·입·눈썹의 미세한 변화만 조절한다. 얼굴 비율이 바뀌면 다른 고양이로 변하므로 "일관성 유지"를 반드시 포함한다.

고양이의 3가지 표정을 한 시트에 만들어줘. (눈물을 흘리는 고양이, 부끄러워서 볼이 빨개진 고양이, 밝게 웃는 고양이)

+    이미지 ✕   빠른 모드 ⌄   ➤

🍌 프롬프트

고양이의 3가지 표정을 한 시트에 만들어 줘, (눈물을 흘리는 고양이, 부끄러워서 볼이 빨개진 고양이, 밝게 웃는 고양이)

❸ 계절별 옷 입히기

파스텔 핑크 니트를 입은 모습, 봄 정원 배경으로 바꿔줘

\+   ⚙   🍌 이미지 ✕   빠른 모드 ⌄   ➤

달빛이 은은한 밤 배경	하얀 털 코트 눈 내리는 배경	파스텔 핑크 니트를 입은 모습, 정원 배경
		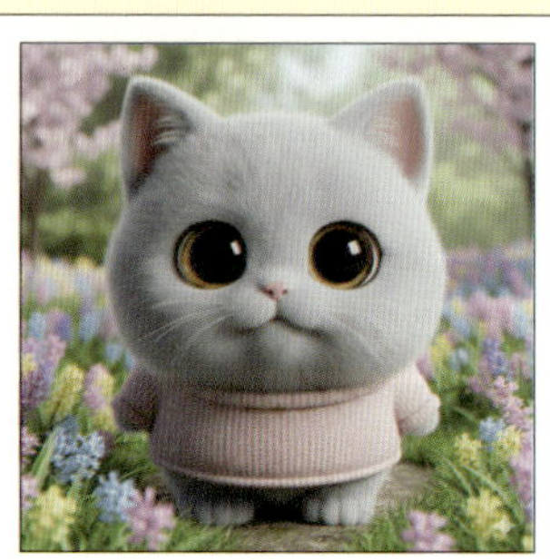

❹ 스티커 스타일 미니 캐릭터 시트

동일 캐릭터 유지, 스티커용 미니 캐릭터 시트 구성, 포즈 4종 + 감정 4종 + 작은 아이콘(하트·발바닥), 각 캐릭터는 흰색 테두리 스티커 느낌으로 표현한다.

밝은 스튜디오 배경,

동일 캐릭터 유지, 스티커용 미니 캐릭터 시트 구성, 포즈 4종 + 감정 4종 + 작은 아이콘(하트·발바닥), 각 캐릭터는 흰색 테두리 스티커 느낌으로 표현한다.
색상 팔레트 고정:#F4F4F0, #D9A976, #E6A7B2, #F0B6C2, #A86A2A, #4A2F1C.
밝은 스튜디오 배경

\+   ⚙   🍌 이미지 ✕   빠른 모드 ⌄   ➤

동일 캐릭터 유지, 웹툰용 캐릭터 시트, 정면 클로즈업과 감정 4종

+ ⭐ 이미지 ✕   사고 모드 ∨ ➤

 동일 캐릭터 유지, 웹툰용 캐릭터 시트, 정면 클로즈업과 감정 4종, 3D 큐트 스타일

정면 클로즈업

감정 4종

기쁨   **슬픔**

화남   **놀람**

캐릭터를 활용해 웃김·분노·놀람·사랑 등 12종의 카카오톡 이모티콘 만들어 줘.

 **프롬프트**

동일 캐릭터 유지, 굿즈용 투명 배경 PNG 이미지 적용한 아크릴 키링 목업, 3D 큐트 캐릭터가 두꺼운 흰색 커팅 라인으로 둘러싸여 있고, 아크릴 투명 재질 표현, 반짝이는 하이라이트, 상단 금속 링 + 검은 고리 구조, 책상 위에 놓인 실제 제품처럼 보이게, 부드러운 간접 조명, 미니멀한 연출, 고급 굿즈 느낌. 탑뷰

프롬프트

동일 캐릭터 유지, 굿즈용 투명 배경 PNG 이미지 적용한 아크릴 키링 목업, 3D 큐트 캐릭터가 두꺼운 흰색 커팅 라인으로 둘러싸여 있고, 아크릴 투명 재질 표현, 반짝이는 하이라이트, 상단 금속 링 + 검은 고리 구조, 책상 위에 놓인 실제 제품처럼 보이게 부드러운 간접 조명, 미니멀한 연출, 고급 굿즈 느낌

동일 캐릭터 유지, 굿즈용 투명 배경 PNG 이미지 적용한 아크릴 키링 목업, 3D 큐트 캐릭터가 두꺼운 흰색 컷팅 라인으로 둘러싸여 있고, 아크릴 투명 재질 표현, 반짝이는 하이라이트, 상단 금속 링 + 검은 고리 구조, 책상 위에 놓인 실제 제품처럼 보이게, 부드러운 간접조명, 미니멀한 연출, 고급 굿즈 느낌. 탑뷰

＋　⚙　🍌 이미지 ✕　　　　　　　　빠른 모드 ∨　➤

PART 3

크리에이터를 위한 나노바나나 실전 제작

Class 1.
시각 자료 인포그라피

❶ 행성 자료 디자인

🍌 **프롬프트**

우주를 배경으로 하는 태양계의 각 행성을 중심으로 설명을 추가하는 디자인을 생성해 주세요. 행성들은 각기 다른 크기와 색상을 가지며, 텍스트는 행성의 특징을 설명하는 형태로 배치. 각 행성은 다음과 같은 정보들을 포함해 줘.

지름, 태양으로부터의 거리, 공전 주기, 특성 설명.

교육 자료로 사용할 수 있도록 인포그래피를 만들어 줘. 행성들의 디테일함을 잘 보이도록 해 줘.

한쪽에는 태양이 부분적으로 보이고 수성부터 시작하는 태양계 인포그래피 교육용

상단에는 '2025 서울 외국인 관광객 통계' 라 는 타이틀을 넣고, 중앙에는 총 방문
자를 큰 강조 숫자 배치. 왼쪽에는 중국, 일본, 대만, 미국 방문객 수를 그래프로 표
시하고, 각 국기 아이콘을 함께 배치. 서울 지도 일러스트를 넣고, 남산 타워, 경복궁,
명 동, 홍 대, 강남 등 주요 관광지를 아이콘 형태로 표시. 전체 색감은 파란색 계열,
밝고 현대적인 스타일, 선명한 폰트, 깔끔한 UI/UX 느낌. 고해상도 인 포 그래픽, 간
결 한 레이아웃, 교육용 디자인.

② 서울 관광 통계 디자인 서울 관광 통계를 시각화한 인포그래픽 디자인

상단에는 '2025 서울 외국인 관광객 통계'라는 타이틀을 넣고, 중앙에는 총 방문자를 큰 강조 숫자 배치. 왼쪽에는 중국, 일본, 대만, 미국 방문객 수를 그래프로 표시하고, 각 국기 아이콘을 함께 배치. 서울 지도 일러스트를 넣고, 남산타워, 경복궁, 명동, 홍대, 강남 등 주요 관광지를 아이콘 형태로 표시. 전체 색감은 파란색 계열, 밝고 현대적인 스타일, 선명한 폰트, 깔끔한 UI/UX 느낌. 고해상도 인포그래픽, 간결한 레이아웃, 교육용 디자인.

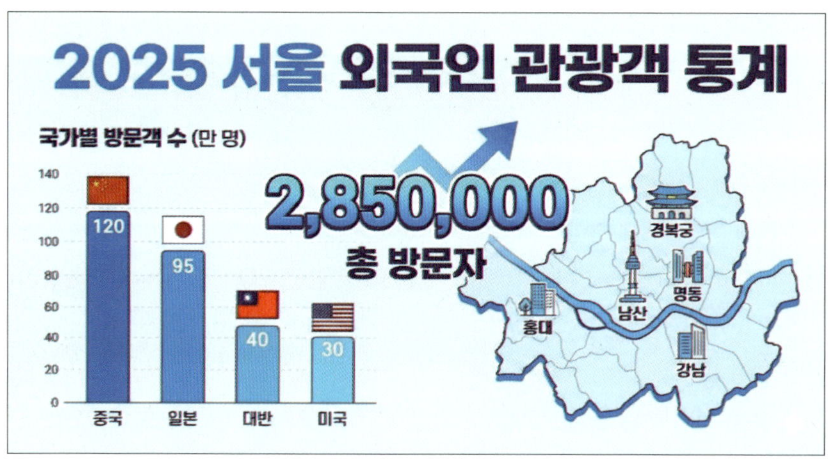

❸ 인체 감염 예방을 위한 손 씻기 방법

🍌 **프롬프트:** 아이들을 위한 손씻기 포스터를 만들어야해 이미지1의 내용을 참고해서 이미지2의 캐릭터를 사용해서 만들어줘

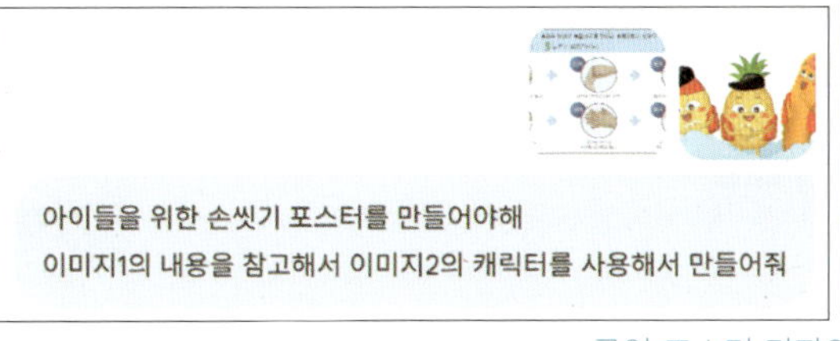

공익 포스터 디자인

❹ 교육자료 인포그래픽

AI 영상 미디어의 성장과 확산을 한눈에 보여 주는 인 포 그래픽, 가로 형

\+ 　　🤚 이미지 ✕ 　　　　　　　　　　　사고 모드 ∨ ➤

🍌 **프롬프트:** AI 영상 미디어의 성장과 확산을 한눈에 보여 주는 인포그래픽, 가로형

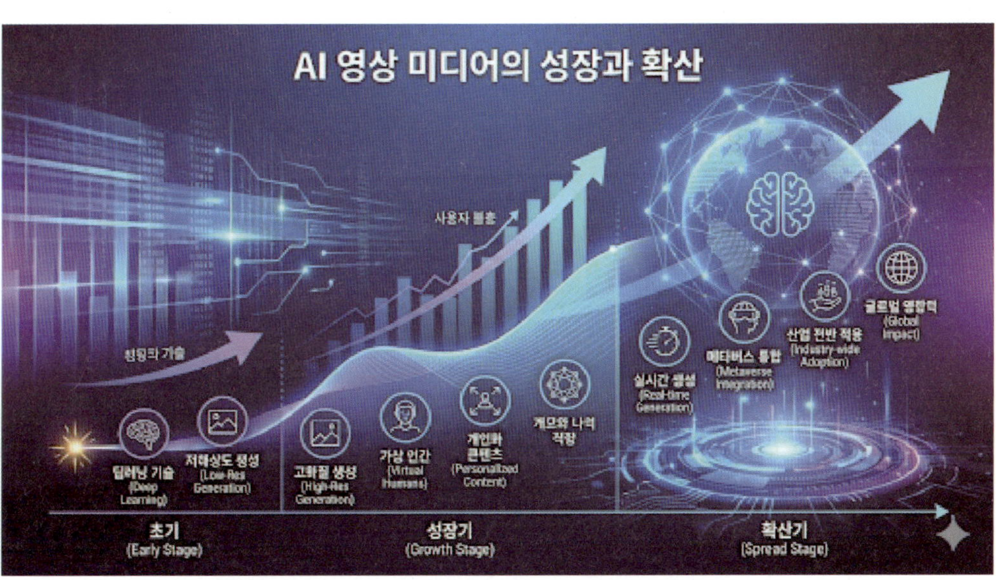

Class 2.
시간 여행 및 연령/
시대 시뮬레이션

① 나이 변화(어린이 ➡ 성인 ➡ 시니어) 시뮬레이션

실습1 과거로의 회귀(8세 어린이), 기본 AI 아바타 설정(현재 30대), 미래로의 도약(70세 시니어) 모습에 대한 나노바나나의 '캐릭터 일관성' 기능을 마스터키로 사용하여 나이 변화 이미지를 생성한다.

어린이 이미지   성인 이미지(원본)   시니어 이미지

🍌 **프롬프트:** 이 여성이 과거로 회귀하여 8세의 어린이 모습으로 바꿔 줘.

🍌 **프롬프트:** 이 여성이 미래로의 도약으로 70세 시니어 여성의 모습으로 바꿔 줘.

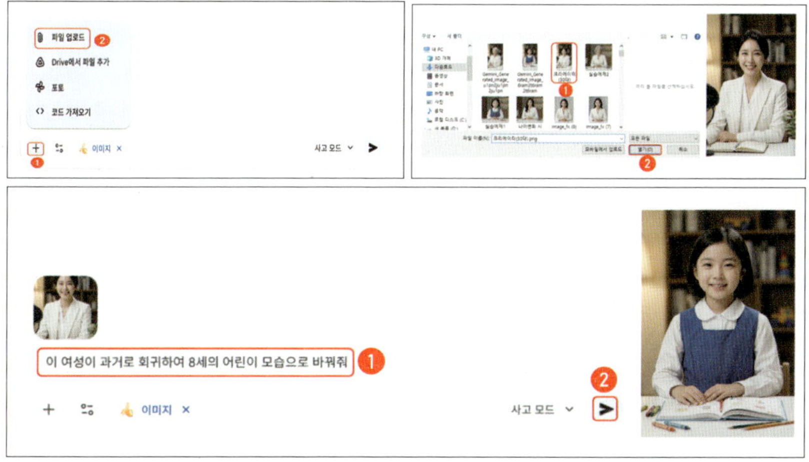

빛바랜 사진을 고화질 컬러 이미지로 완벽하게 복원하는 과정

  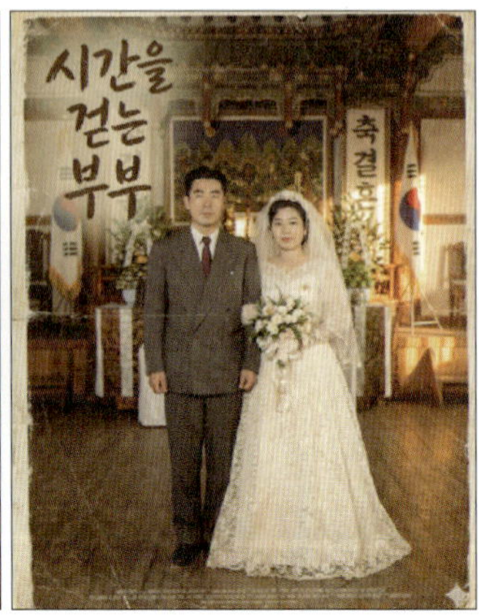

실습1 손상된 사진 복원

🍌 **프롬프트**

"업로드된 이 흑백 사진을 고화질로 복원해 줘. 사진의 노이즈와 스크래치를 제거하고, 찢어진 부분을 자연스럽게 채워 줘."

실습2 복원한 컬러사 진에 텍스트 넣기

🍌 **프롬프트**

"이 컬러 사진을 빈티지한 영화 포스터 스타일로 바꿔 줘. 사진 왼쪽 상단에 '시간을 걷는 부부'라는 텍스트를 손 글씨 스타일로 넣어 줘."

③ 시대 여행 (현대인을 과거로, 과거 인물을 현재로)

시대를 초월하는 인플루언서 '역사 덕후'의 타임 트래블 콘텐츠

원본 이미지
(조선시대 양반 남성)

현대적인 캐주얼 정장
(모던 카페)

정장 차림 전신

빅토리아 시대
귀족 남성 복장

실습1 과거 인물을 현대 인물로

🍌 **프롬프트**

"업로드된 조선 시대 인물을 현대적인 캐주얼 정장 차림으로 바꿔 줘. 배경은 햇살이 잘 드는 서울 강남의 모던한 카페로 교체해 줘. 마치 현재에 살고 있는 인물처럼 보이게 조명과 색감을 조정해 줘."

실습2 시대 복장 변경

🍌 **프롬프트**

"이 현대 사진 속 사람을 1880년대 빅토리아 시대 귀족 남성의 복장으로 변신시켜 줘. 복장, 헤어스타일, 액세서리 모두 그 시대에 맞게 종합적으로 변환해줘. 배경은 고풍스러운 유럽의 성 내부 복도로 설정해 줘."

④ 공간의 시간 여행 (건물, 거리의 시대적 변환)

실습1 하나의 장소를 과거, 현재, 미래 버전으로 변환하는 과정

서울 명동거리의 현대적인 풍경 원본 이미지

(1) 1920년대 경성의 거리 풍경

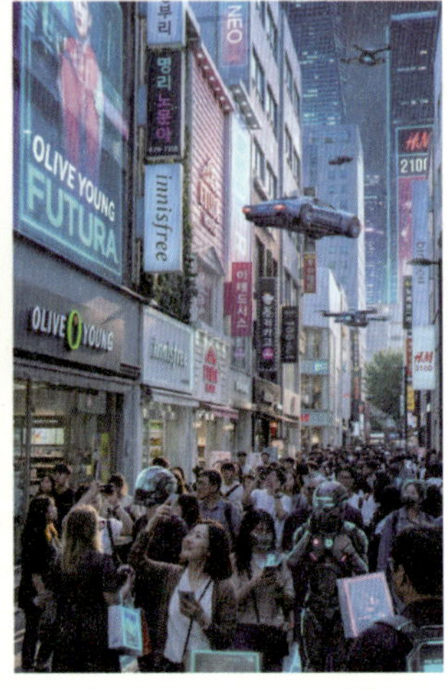

(2) 서울 명동거리 2100년 사이버 펑크 미래도시

🍌 **프롬프트**

이 거리 사진을 1920년대 일제강점기 경성의 거리 풍경으로 바꿔 줘. 아스팔트 바닥을 흙길로 바꾸고, 현대식 간판을 한자 간판과 깃발로 교체해 줘. 행인들은 한복과 그 시대의 양장을 입고 있고, 자동차 대신 인력거가 지나가게 해 줘. 사진의 구도는 그대로 유지해 줘.

🍌 **프롬프트**

이 도시 거리를 2100년 미래의 모습으로 보여 줘. 건물들은 네온사인이 빛나는 마천루로 바꾸고, 공중에는 비행 자동차(flying cars)가 날아다니게 해 줘. 바닥은 비에 젖은 듯한 사이버펑크 스타일로, 행인들은 미래형 슈트를 입고 있어.

과거의 풍속화나 고전 회화를 현대적 실사 이미지로 재해석하면 역사적 감성과 현대 트렌드가 융합된 독창적 콘텐츠가 만들어지며, 익숙하면서도 새로운 시각적 충격으로 높은 주목도와 공유율을 높일 수 있다.

유치봉필산중희호도 일부

실습1 풍속화를 실사화 하기

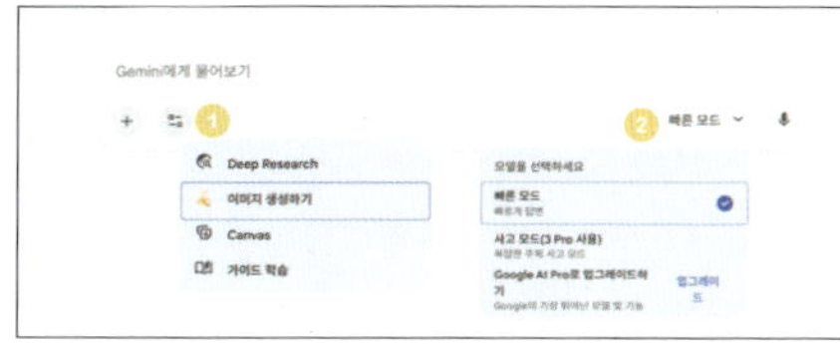

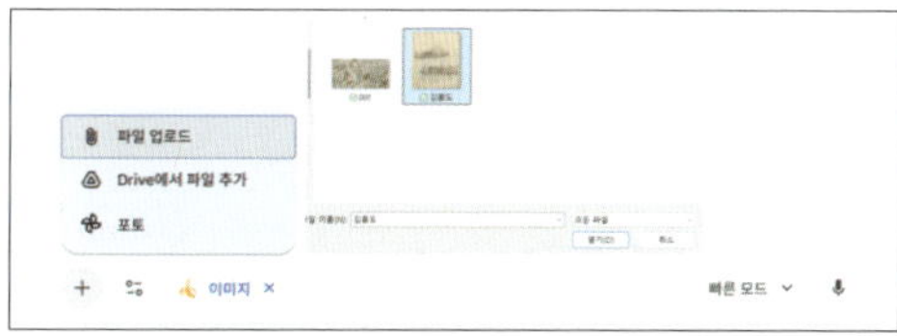

Tip 풍속화 사진은 국립중앙박물관 사이트를 통해 저작권 걱정 없이 다운로드할 수 있다.

풍속화를 현실 4K 실사 사진으로 만든 이미지

＋　　　🍌 이미지　✕　　　　　　　　　　　　　빠른 모드 ⌄　➤

생성 이미지

응용 이미지

Class 3.
의상/헤어/분위기 변환

① 패션 룩북 완성 매직

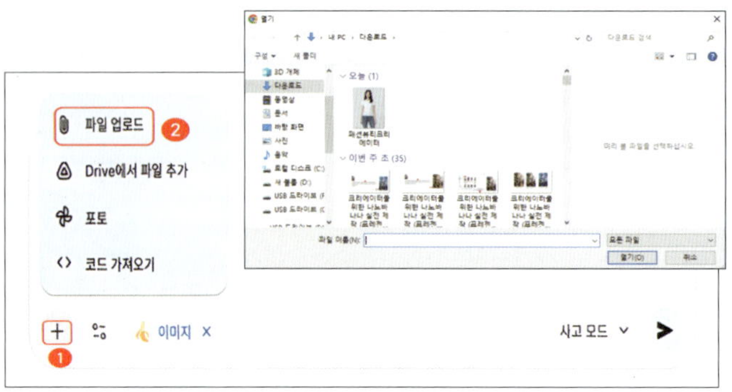

 프롬프트

"이 사진 속 인물에게 세련된 검은색 오버핏 블레이저와 베이지색 와이드 슬랙스를 입혀 줘. 신발은 검은색 펌프스로 바꿔 주고, 헤어스타일은 단정한 로우 번(Low bun)으로 변경해 줘. 배경은 모던한 사무실 로비로 바꿔 줘."

 프롬프트

"같은 인물(Same person)에게 하늘하늘한 파스텔 핑크색 시폰 블라우스와 화이트 머메이드 스커트를 입혀 줘. 헤어스타일은 우아한 반묶음(Half-up) 스타일로 바꿔 주고, 작은 진주 귀걸이를 추가해 줘. 배경은 꽃이 가득한 화사한 플라워 카페로 변경해 줘."

🍌 실습3　**프롬프트**

"이 사진 속 사람을 포근한 느낌의 오트밀 색상 오버핏 케이블 니트와 연청 데님 팬츠 차림으로 바꿔 줘. 머리는 자연스럽게 묶은 메시 번(Messy bun) 스타일로 하고, 손에는 따뜻한 머그잔을 쥐여줘. 배경은 따뜻한 조명의 북카페 창가로 설정해 줘."

🍌 실습4　**프롬프트**

"같은 캐릭터가 고급스러운 블랙 트위드 재킷과 짙은 청바지를 입은 모습으로 변환해 줘. 안에는 흰색 기본 티셔츠를 받쳐 입고, 어깨에는 체인 백을 메고 있어. 배경은 세련된 도심의 편집숍 거리로 바꿔 줘."

🍌 실습5　**프롬프트**

"같은 인물(Same person)을 화려한 레드 실크 슬립 드레스를 입은 모습으로 바꿔 줘. 목에는 반짝이는 다이아몬드 목걸이를 하고, 머리는 굵은 웨이브 펌 스타일로 풀어 줘. 배경은 조명이 은은한 칵테일 바로 변경해 줘."

❷ 헤어스타일 변화 미리보기

❶ 가상 헤어숍 체험

"이 사람에게 턱선 길이의 세련된 단발 태슬컷(short straight bob hair)을 적용해 줘. 앞머리는 없는 스타일(no bangs)로 하고, 도시적이고 시크한 느낌을 살려 줘."

"같은 인물의 머리를 뿌리부터 볼륨감 있는 긴 곱슬 머리(long curly hair, hippie perm) 스타일로 바꿔 줘. 잔머리를 살려서 사랑스럽고 자유분방한 분위기를 연출해 줘."

이 사람에게 부드러운 시스루 뱅이 있는 세미 롱 웨이브 헤어(semi-long soft wave hair)를 적용해 줘.

얼굴선을 따라 자연스럽게 흐르는 가벼운 웨이브를 넣고, 전체적인 톤은 우아하고 여성스러운 분위기로 연출해 줘.

피부 톤과 조화를 이루는 자연 갈색(natural brown) 계열 헤어 컬러로 표현해 줘.

1 표정 세트

🍌 **프롬프트**

"같은 사람이(Same person) 한쪽 눈썹을 올리고 의심하는 표정 (skeptical face)을 짓게 해 줘."

"같은 사람이(Same person) 한쪽 눈썹을 올리고 의심하는 표정 (skeptical face)을 짓게 해줘."

\+   🖐 이미지 ✕   사고 모드 ∨ ➤

 **프롬프트**

입을 벌리고 깜짝 놀란(shocked) 표정을 짓게 해 줘."

"같은 사람이(Same person) 입을 벌리고 깜짝 놀란(shocked) 표정을 짓게 해줘."

 이미지 ✕ 　　　　　　　　　　사고 모드 ∨ ➤ 

 **프롬프트**

턱을 괴고 고민하는 표정 (thinking)을 짓게 해 줘."

"같은 사람이(Same person) 턱을 괴고 고민하는 표정 (thinking)을 짓게 해줘."

  이미지 ✕ 　　　　　　　　　　사고 모드 ∨ ➤

④ 사진의 시간대/날씨 효과 변경 (드라마틱한 분위기 연출)

① 날씨 변경

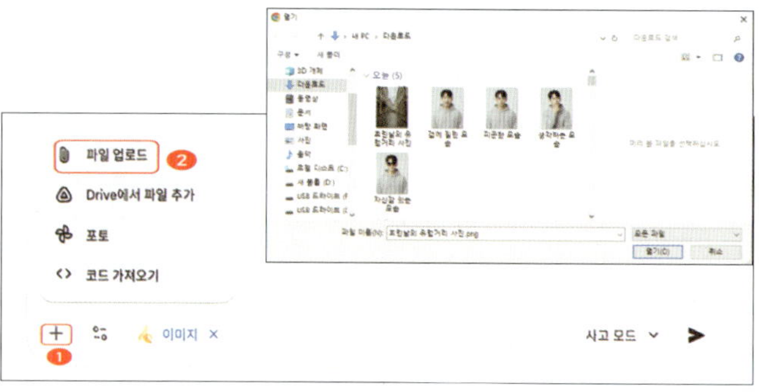

🍌 프롬프트

"이 장면을 밤으로 바꿔 줘(turn this scene into night). 거리에 비와 물웅덩이를 추가(add rain and puddles)해 주고, 가로등 불빛이 젖은 바닥에 반사되는 모습을 표현해 줘."

이 거리에 폭설이 내리게 해줘(make it snow heavily). 지붕과 바닥에 하얀 눈이 쌓여 있고, 공중에는 눈송이가 흩날리는 겨울 분위기로 바꿔줘

🍌 프롬프트

"이 거리에 폭설이 내리게 해 줘(make it snow heavily). 지붕과 바닥에 하얀 눈이 쌓여 있고, 공중에는 눈송이가 흩날리는 겨울 분위기로 바꿔 줘."

Class 4.
배경/공간 마법:
환경 및 인테리어 편집

❶ 스마트폰 영상도 1분 만에 여행지 분위기로 바꾸기

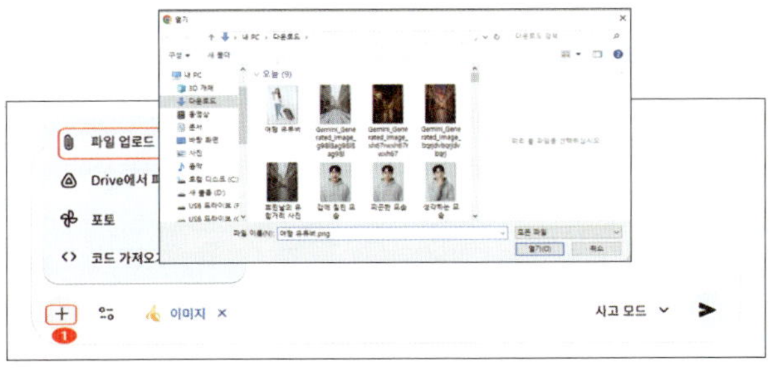

🍌 프롬프트

"이 사진의 배경을 맑은 하늘과 에메랄드빛 바다가 보이는 하와이 와이키키 해변으로 교체해 줘. 야자수 그림자가 드리워진 햇살 가득한 여름 분위기를 연출하고, 인물에도 따뜻한 태양광이 자연스럽게 비치도록 조명을 조정해 줘."

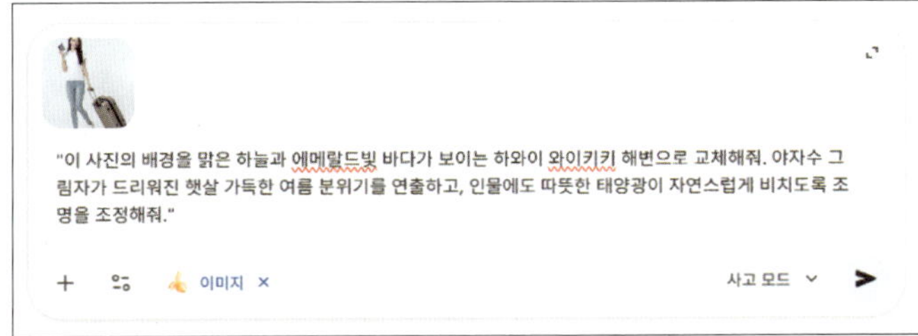

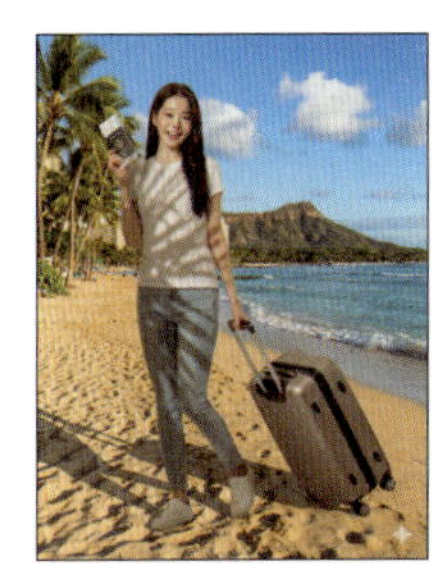

🍌 프롬프트

"배경을 파리 에펠탑이 보이는 노천카페로 바꿔 줘. 뒤쪽으로는 흐릿하게(bokeh) 에펠탑이 보이고, 테이블과 의자가 있는 유럽풍 거리 느낌을 줘. 조명은 오후의 부드러운 자연광으로 설정해 줘."

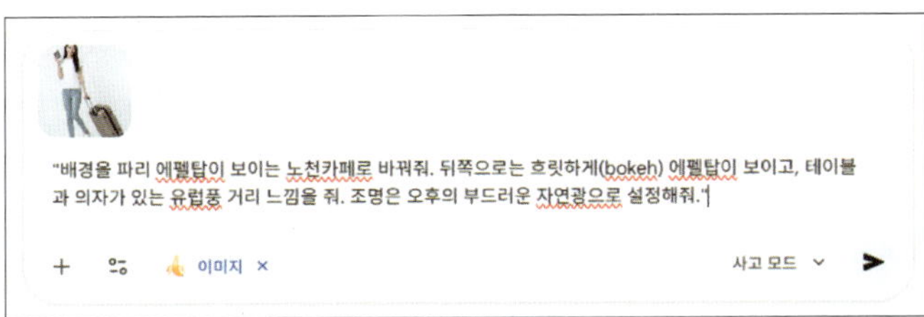

② 복잡한 장면에서 3초 만에 인물 제거하기 초간단 클린업

나노바나나의 '객체 제거(Object Removal)' 기능을 활용하여, 붐비는 핫플레이스에서 찍은 정신없는 사진을 나만 보이는 깔끔한 인생 샷으로 정리하는 과정을 만들 수 있다.

실습1

🍌 프롬프트

"이 사진에서 내 뒤에 있는 모든 사람을 제거해 줘. 사람들이 있던 자리는 벽면이나 길거리 배경으로 자연스럽게 채워 줘."

실습2

🍌 프롬프트

"테이블 위에 있는 커피잔과 휴지 조각을 지워 줘. 테이블 위에는 장미꽃 한송이가 꽂혀 있는 꽃병을 만들어 줘"

실습1

🍌 **프롬프트:** "이 방을 미니멀리스트 스타일로 재장식해 줘. 잡동사니를 없애고, 화이트 톤의 심플한 가구만 배치해서 공간이 넓어 보이게 해 줘."

실습2

🍌 **프롬프트:** "이 공간에 식물과 따뜻한 조명을 추가해 줘. 곳곳에 큰 화분과 작은 화분들을 배치하고, 가구는 따뜻한 우드 톤으로 바꿔 줘."

❹ 3D 공간처럼 입체감 있게 재탄생시키기 2D to 3D 변환

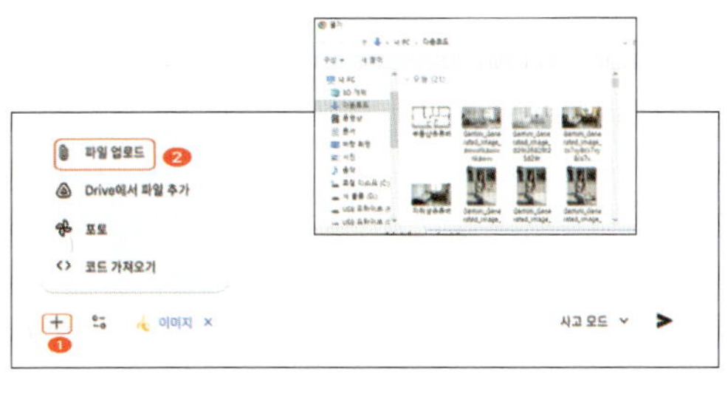

실습1

🍌 **프롬프트:** 3D 렌더링 이미지, 실사 사진처럼, 고급 건축 시각화 스타일로 연출해 줘.

 **프롬프트:** 3D 렌더링 이미지, 실사 사진처럼 고급 건축 시각화 스타일로 연출해 줘.

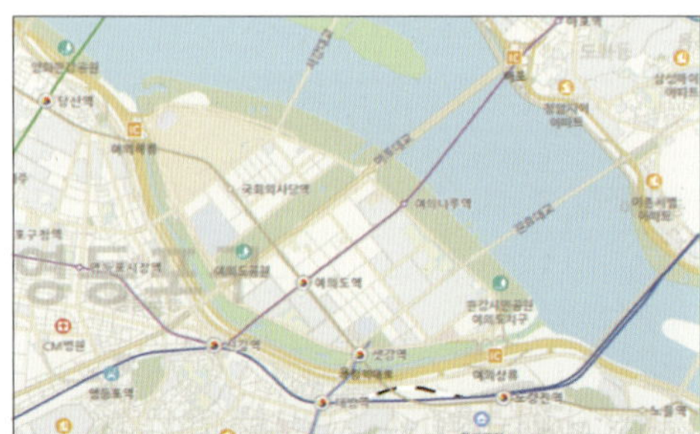

Class 5.
장면 설계부터 모델 포즈까지

❶ 숏폼 크리에이터의 3초 컷 시선 강탈 전략

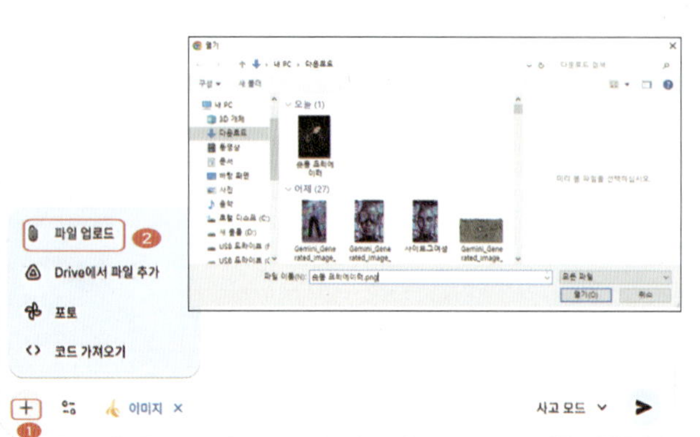

인물이 자세를 바로하고 홀로그래픽
데이터를 양손으로 클릭하는 장면으로
연출해 줘. 위에 홀로그래픽 데이터나
AR 오버레이 효과를 추가해 줘. 허공에
떠 있는 디지털 인터페이스

인물이 자세를 바로 하고 홀로 그래픽 데이터를 양손으로 클릭하는 장면으로 연출해줘. 위에 홀로 그래픽 데이터나 AR 오버레이 효과를 추가해줘. 허공에 떠 있는 디지털 인터페이스

　1번 이미지의 인물과 복장을 그대로 유지한다. 인물은 정면을 강하게 응시하며 상체를 살짝 앞으로 기울인다. 한 손을 카메라 쪽으로 뻗고, 손끝 앞에서 화면이 갈라지는 듯한 빛의 크랙 효과를 만든다. 홀로그램 데이터는 제거한다. 대신 순간적인 플래시와 빛의 라인이 터지며 시선을 손끝으로 강제 유도한다. 배경은 어둡게 유지하고 인물만 또렷하게 부각한다.

② 동작 합성 및 포즈 변환 (모델 포즈 빠르게 확보)

모델 크리에이터의 포즈 무한 복제술

　직접 그린 그림의 포즈를 따라 하게 하거나 다양한 포즈의 이미지를 첨부하여 동일한 동장을 만들 수 있다.

1 모델 크리에이터의 포즈 무한 복제술

2 첨부 이미지 2의 인물을 첨부 이미지 1의 자세로 바꿔 줘.

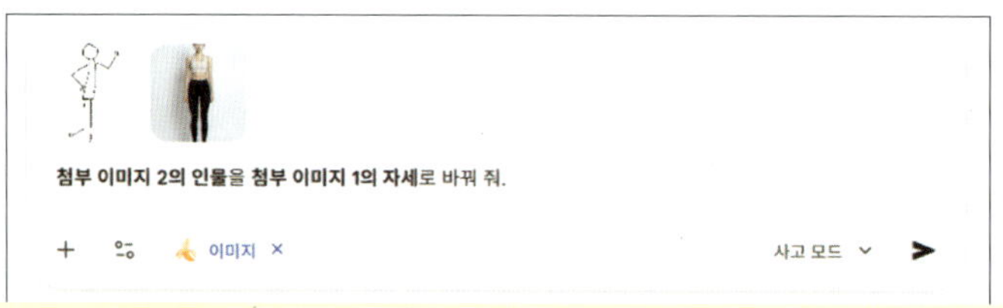

🍌 프롬프트

"같은 모델이 매트 위에서 고난도 요가 자세를 취하게 해줘.

한쪽 다리를 들고 균형을 잡는 우아한 포즈로 변경해 줘."

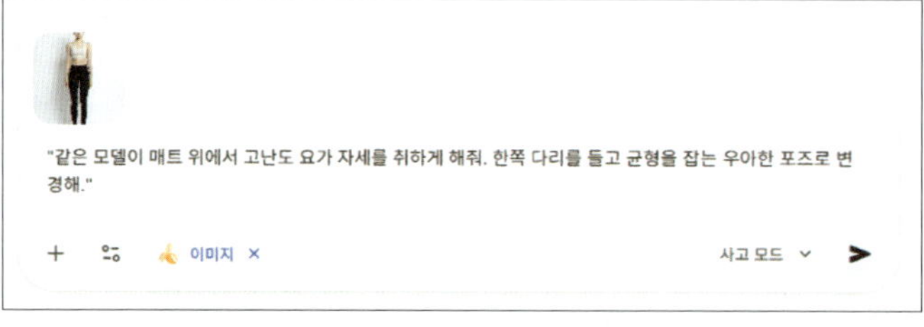

🍌 프롬프트

"1번 인물이 2번 사진과 똑같은 춤 동작을 취하도록 만들어 줘."

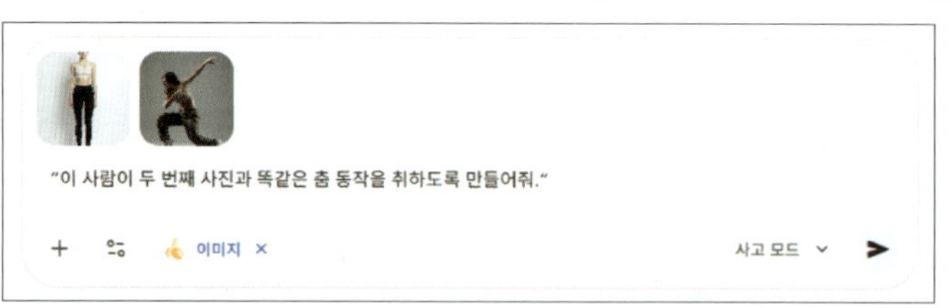

Class 6.
크리에이터를 위한 고급 실전

❶ 아나모픽 디스플레이

건물 외벽이나 대형 LED 스크린에 3D 착시 효과를 활용해 평면 화면 속 이미지가 마치 실제로 튀어나오거나 들어간 것처럼 보이게 만드는 광고 기법이다.

❶ 국가 홍보 아나모픽 디스플레이 만들기 (나노바나나 프로 사용)

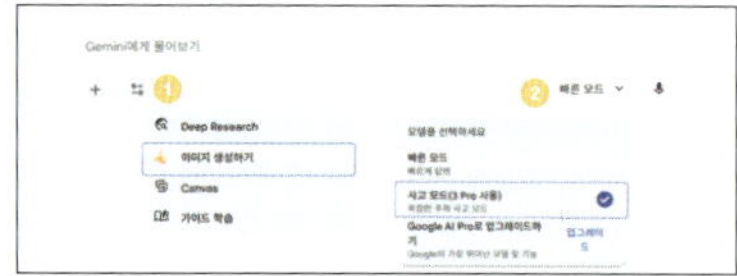

🍌 프롬프트

서울 광화문 거리의 현대적인 건물 코너에 설치된 거대한 3D 아나모픽 전광판에, 파스텔톤의 한복을 입은 귀여운 실사 아기 고양이가 민화 스타일의 배경을 뒤로하고 앞발을 내밀며 화면 밖으로 튀어나올 듯이 장난치고 있는 모습이 담겨 있고, 화면에는 'KOREAN HANBOK'이라는 문구가 적혀 있으며, 전광판 아래에는 에스프레소 잔이 보인다. 8K 초고화질, 사실적인 풍경

Tip 프롬프트 입력 시 건물 코너에 설치된 3D 아나모픽 전광판이라는 부분을 강조하고 캐릭터가 3D처럼 튀어나온다는 묘사를 해야 좀 더 입체적인 이미지를 생성할 수 있다.

응용 이미지

응용 이미지

❷ 3D 홀로그램 설계도

홀로그램 설계도는 빛의 간섭과 회절 원리로 공중에 떠 있는 듯한 3D 입체 영상을 만들기 위한 광학 시스템 설계로, 360도 관람 가능한 생생한 입체 경험을 제공한다.

❶ 3D 홀로그램과 판타지의 만남 (나노바나나 프로 사용)

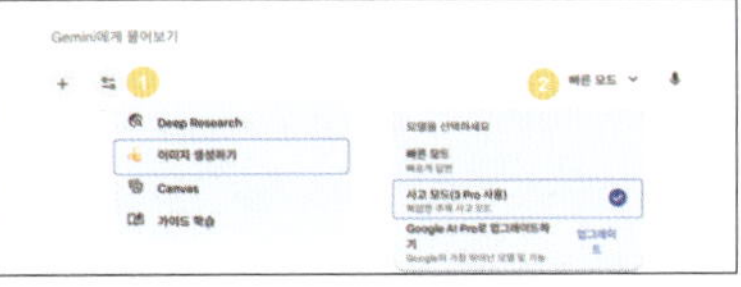

🍌 프롬프트

어두운 장인의 작업대 위 도구들로 망치 등이 놓여 있는 판타지 트윈프 장면. 빛바 랜 청색 기술 도면 위에 오토마톤 내부 구 조가 투명하게 보이는 고해상도 홀로그램 형식으로 투사되어 있습니다. 증기 펑크와 사이버펑크가 혼합된 느낌의 사실적인 와이어프레임 렌더링. 장치 속의 부품의 움직임이 극도로 정밀하게 묘사되어 있습니다. 화면 비율 16:9

생성 이미지

응용 이미지

응용 이미지

❸ 레고 스타일의 3D 복셀 아트

레고 스타일 이미지는 딱딱하고 진지한 주제도 친근하고 재미있게 전환해 모든 연령대의 공감을 얻으며, 블록 특유의 귀엽고 단순한 형태가 복잡한 개념을 직관적으로 이해하게 만들어 메시지 전달력을 높여 자발적 공유를 유도한다.

① 이미지 사진 레고화

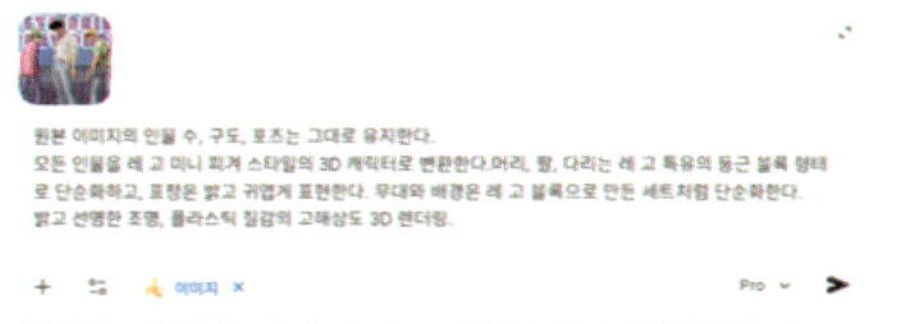

🍌 프롬프트

원본 이미지의 인물 수, 구도, 포즈는 그대로 유지한다.

모든 인물을 레고 미니 피겨 스타일의 3D 캐릭터로 변환한다. 머리, 팔, 다리는 레고 특유의 둥근 블록 형태로 단순화하고, 표정은 밝고 귀엽게 표현한다. 무대와 배경은 레고 블록으로 만든 세트처럼 단순화한다.

밝고 선명한 조명, 플라스틱 질감의 고해상도 3D 렌더링.

생성 이미지

응용 이미지

응용 이미지

🍌 프롬프트

영화 「아바타」 캐릭터를 미니피규어로 만든 모습, 물의 부족, 생성된 인물 레고 피규어를 중심으로 레고 블록으로 만든 (배경/환경) 씬을 구성한다. 정면 샷

배경으로 나무, 바위, 지형, 소품을 모두 레고 브릭 구조로 표현한다.

제품 스튜디오 촬영 사진 스타일, 고해상도 3D 렌더링

응용 이미지

생성 이미지

응용 이미지

④ 동물 의인화

인간 모델보다 문화권과 연령 제약이 없어 전 세계 누구에게나 통하는 보편적 공감을 얻으며, "귀여움"과 "재미"라는 강력한 감정 트리거로 친근함을 유도한다.

① 담비 의인화 하기

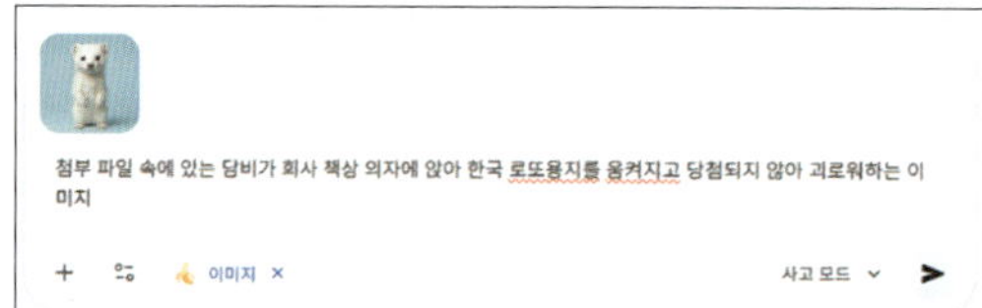

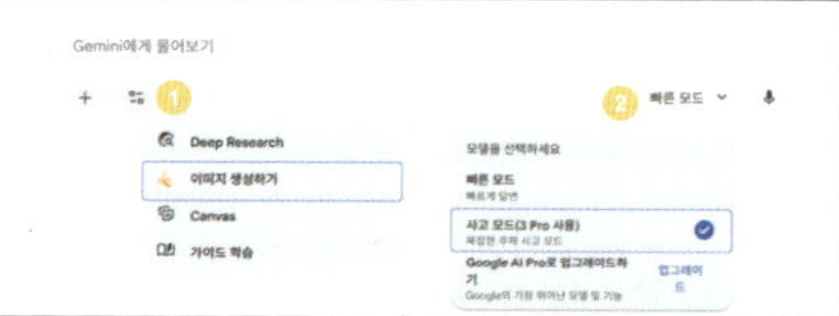

🍌 **프롬프트**

첨부 파일 속에 있는 담비가 회사 책상 의자에 앉아 한국 로또 용지를 움켜쥐고 당첨되지 않아 괴로워하는 이미지

🍌 **프롬프트**

첨부 파일 속에 있는 담비를 의인화해서 담비의 카페 알바 생활에 관한 유튜브 썸네일용 4K 실사 이미지로 만들어 줘, 상황에 맞는 썸네일 문구

🍌 **프롬프트**

하얀 털의 담비를 의인화한 캐릭터의 백수 생활을 표현하는 상황, 상황에 맞는 썸네일 문구를 써 주고 썸네일에 맞는 큰 폰트 , 유튜브 썸네일용, 귀엽지만 현실적인 표정, 고해상도 4K 실사 스타일, 선명한 색감. 비율 16:9

PART 4

SNS & 이커머스 브랜딩을 위한 마스터 플랜

Class 1.
SNS & 이커머스브랜딩을 위한마스터 플랜

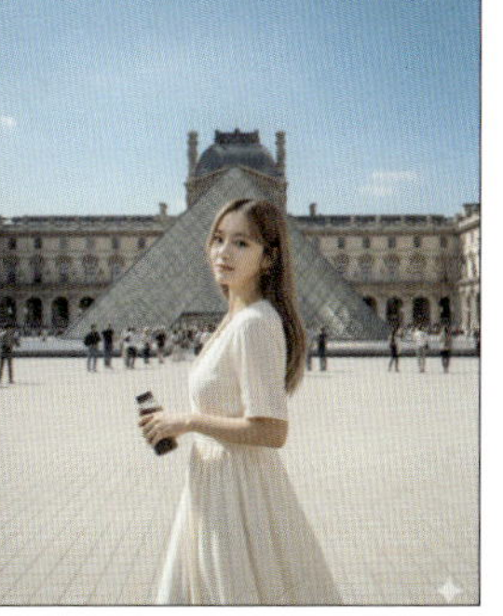

❶ 로고 하나로 브랜드 각인시키기

　로고는 텍스트보다 6만 배 빠른 0.05초 만에 브랜드를 각인시키며, 다양한 앵글과 구도로 만든 수많은 콘텐츠를 하나의 브랜드로 묶어 주는 시각적 앵커다. 비슷한 이미지가 넘쳐나는 시장에서 경쟁자와 나를 구분하는 유일한 표식이자, 시간이 지날수록 가치가 복리로 증가하는 브랜드 자산이다.

로고 없음

로고 있음

<로고의 활용 예시: 로고의 유무에 따른 브랜드 각인>

예제 파일	완성 파일

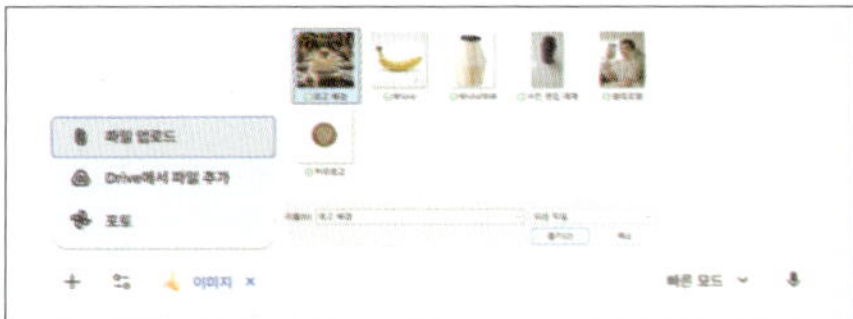

🍌 **1차 프롬프트**를 입력하고 제출한다.

바나나 케이크만 남기고 나머지 요소들은 모두 흰색 배경으로 제거한 구성

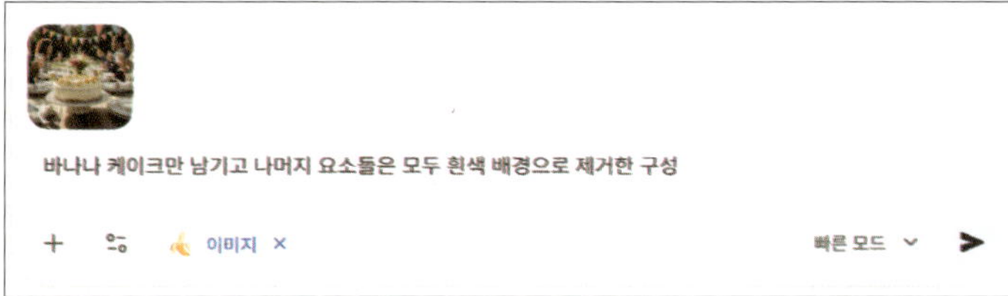

🍌 **2차 프롬프트**

백터 일러스트 로고 심볼 디자인으로 변경

디자인을 원형 프레임 안에 넣어 구성하고, 깨끗한 흰색 배경 위 중앙에 로고 형태로 배치. 원형 프레임 내부에는 'Nano Banana' 영문 텍스트를 포함

– 이미지를 생성한다.

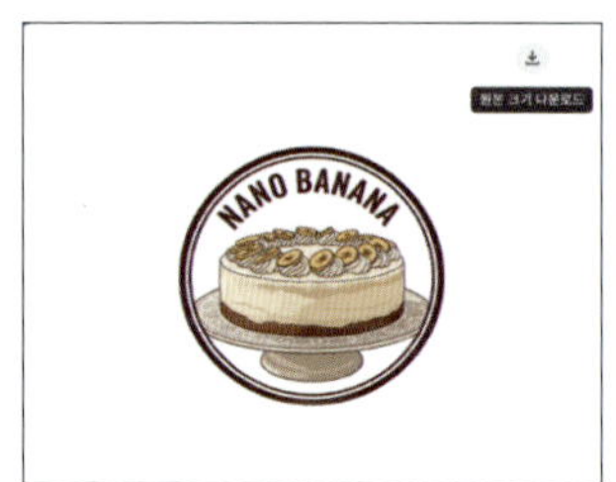

같은 프롬프트라도 생성되는 이미지는 다르다.

❷ 프롬프트만으로 로고 제작하기 (나노바나나 프로 사용)

몽글모글한 귀여운 캐릭터가 있는 로고를 제작하려 한다.

달콤한 커피를 파는 귀엽고 아기자기한 카페의 로고, 몽글몽글한 느낌의 바리스타 토끼, 2d 벡터이미지, 둥근 귀여운 폰트, 배경은 흰색, 가게 상호는 스위트 커피

② 프로필이 곧 첫인상이다

① 프로필 모델 만들기

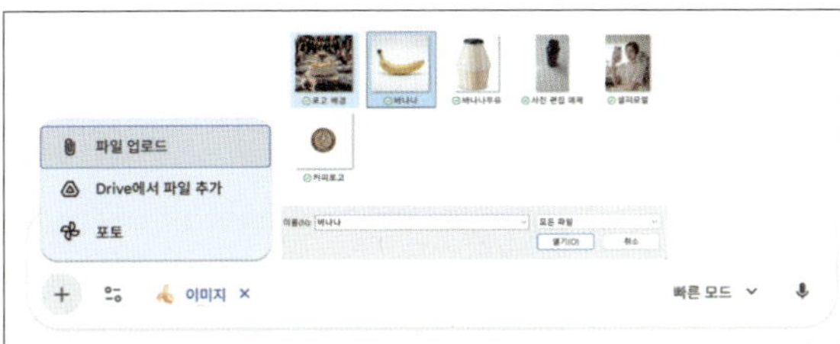

첨부 파일에 있는 상품을 판매하기 위해 건강하고 활동적인 성인이 운동 후 에너지를 보충하는 모델 이미지를 생성한다.

첨부 파일에 있는 상품을 판매하기 위해 건강하고 활동적인 성인이 운동 후
에너지를 보충하는 모델 이미지

첨부 파일에 있는 상품을 판매하기 위해 어린아이가 맛있게 먹는 모델 이미지를 생성한다.

첨부 파일에 있는 상품을 판매하기 위해 어린아이가 맛있게 먹는 모델 이미지

첨부 파일에 있는 상품을 판매하기 위해 친근하고 따뜻한 가족이 함께하는 모델 이미지

❸ 인터넷 언어로 말하는 사진 편집

SNS 사진 편집은 일관된 색감과 스타일로 브랜드를 즉각 알아보게 만드는 시각적 아이덴티티 구축 전략이다. 같은 제품도 편집에 따라 전환율이 최대 300% 차이 나므로, 클릭률과 참여율을 높이는 필수 마케팅 투자다.

① SNS용 사진 편집하기

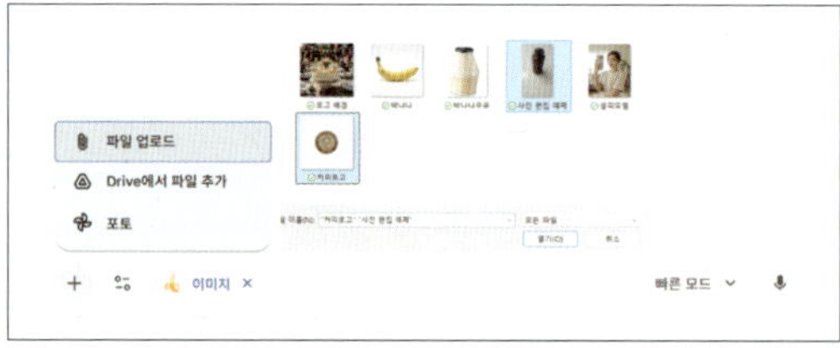

세련된 카페 거리 배경 위에서 강한 플래시로 촬영된 장면.
첨부된 두 이미지를 자연스럽게 합성한 커피 보틀을 자연스럽게 손에 들고 있는 모습. 사진 중앙에는 폴라로이드 프레임이 합성된 것처럼 배치되어 있으며, 프레임 하단에는 날짜와 작은 이모지가 함께 표시됨. 전체 색감은 밝고 화사하며 따뜻한 조명을 사용해 입체감 있는 하이라이트와 강한 콘트라스트가 표현됨. 하이엔드 셀카·팬캠 스타일의 생동감 있는 분위기

\+   ⚬⚬ 도구   빠른 모드 ∨   ➤

생성 이미지

응용 이미지

하이엔드 셀카·팬캠 스타일을 삭제하고
만든 이미지

 **프롬프트**

세련된 카페 거리 배경 위에서 강한 플래시로 촬영된 장면.

첨부된 두 이미지를 자연스럽게 합성한 커피 보틀을 자연스럽게 자리하고 있는 모습. 사진 중앙에는 폴라로이드 프레임이 합성된 것처럼 배치되어 있으며, 프레임 하단에는 날짜와 작은 이모지가 함께 표시됨. 전체 색감은 밝고 화사하며 따뜻한 조명을 사용해 입체감 있는 하이라이트와 강한 콘트라스트가 표현됨. 하이엔드 셀카·팬캠 스타일의 생동감 있는 분위기

따뜻한 자연광 아래에서 두 사람이 여유롭게 시간을 보내는 순간을 담은 장면.
한 사람은 벽 위에 앉아 아래에 있는 사람에게 첨부된 두 이미지를 자연스럽게 합성한 커피 보틀 건네는 자연스러운 제스처. 로우앵글 시점으로 촬영되어 인물의 표정과 동작이 생생하게 표현됨. 부드러운 그림자와 황금시간대(Golden hour)의 따뜻한 색감. 필름 카메라 감성, 은은한 그레인(필름 입자) 추가. 캐주얼한 스트릿 룩, 자연스럽게 흐트러진 헤어, 미니멀한 배경으로 연출한 리얼 라이프스타일 사진.
자연스러운 미소와 편안한 분위기. 프로페셔널 에디토리얼 촬영처럼 고급스럽게 표현

＋　도구　빠른 모드　∨

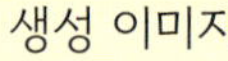

생성 이미지	응용 이미지
	필름 카메라 감성을 반짝이는 하이라이트로 바꿔서 만든 이미지

🍌 프롬프트

따뜻한 자연광 아래에서 두 사람이 여유롭게 시간을 보내는 순간을 담은 장면.

한 사람은 벽 위에 앉아 아래에 있는 사람에게 첨부된 두 이미지를 자연스럽게 합성한 커피 보틀을 건네는 자연스러운 제스처. 로우앵글 시점으로 촬영되어 인물의 표정과 동작이 생생하게 표현됨. 부드러운 그림자와 황금시간대(Golden hour)의 따뜻한 색감. 필름 카메라 감성, 은은한 그레인(필름 입자) 추가. 캐주얼한 스트리트 룩, 자연스럽게 흐트러진 헤어, 미니멀한 배경으로 연출한 리얼 라이프스타일 사진. 자연스러운 미소와 편안한 분위기. 프로페셔널 에디토리얼 촬영처럼 고급스럽게 표현

한 손으로 두 첨부 이미지를 자연스럽게 합성한 커피 보틀 을 들어 보이는 구도.
배경은 카페 내부의 스테인리스 장비와 창가로 구성되며, 창문을 통해 들어오는 자연광으로 전체적으로 밝고 차분한 분위기 연출. 앞 손에 든 커피 보틀은 선명하게 초점이 잡히고, 배경은 자연스럽게 아웃포커싱. 깔끔한 실루엣과 질감이 돋보이는 재질의 실사적인 표현과 일상 스냅샷. 미니멀하고 깨끗한 톤, 현실적인 컬러감, 실제 카페에서 촬영한 듯한 자연스러운 사진 스타일.

생성 이미지	응용 이미지
	실제 카페에서 촬영한 것 같은 자연스러운 사진 스타일을 스크랩북 콜라주 형태의 사진 배치로 바꿔서 만든 이미지

🍌 프롬프트

한 손으로 두 첨부 이미지를 자연스럽게 합성한 커피 보울을 들고 보이는 구도. 배경은 카페 내부의 스테인리스 장비와 창가로 구성되며, 창문을 통해 들어오는 자연광으로 전체적으로 밝고 차분한 분위기 연출. 앞 손에 든 커피 보틀은 선명하게 초점이 잡히고, 배경은 자연스럽게 아웃포커싱. 깔끔한 실루엣과 질감이 돋보이는 재질의 실사적인 표현과 일상 스냅샷. 미니멀하고 깨끗한 톤, 현실적인 컬러감, 실제 카페에서 촬영한 듯한 자연스러운 사진 스타일.

밈은 브랜드 비용 없이도 순식간에 100만 명에게 퍼지는 MZ세대 소통의 핵심 도구다. 유머와 친근함으로 브랜드와 소비자 사이를 바로 연결해 준다.

실습1 유명인과 합성 셀피 찍기

Tip: 유명인을 활용한 이미지를 제작할 때는 초상권을 반드시 고려해야 한다.

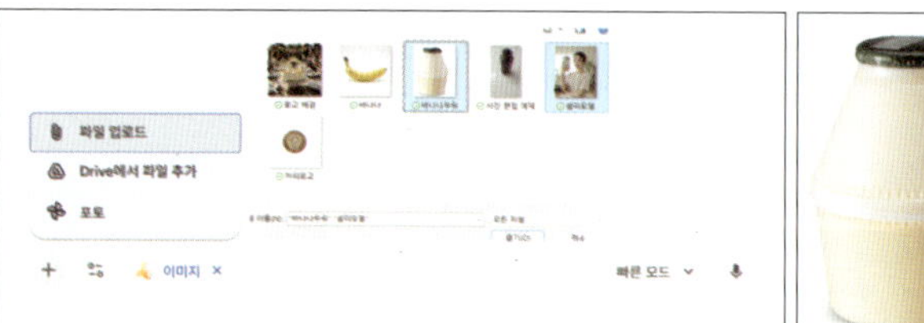

트럼프 대통령이 첫 번째 첨부 파일의 제품을 들고 두 번째 첨부 파일 모델과 함께 센트럴파크 공원에서 셀피 찍는 이미지

+   ⚙   🍌 이미지 ✕   빠른 모드 ⌄   ➤

🍌 **프롬프트:** 트럼프 대통령이 첫 번째 첨부 파일의 제품을 들고 두 번째 첨부 파일 모델과 함께 센트럴파크 공원에서 셀피 찍는 이미지

	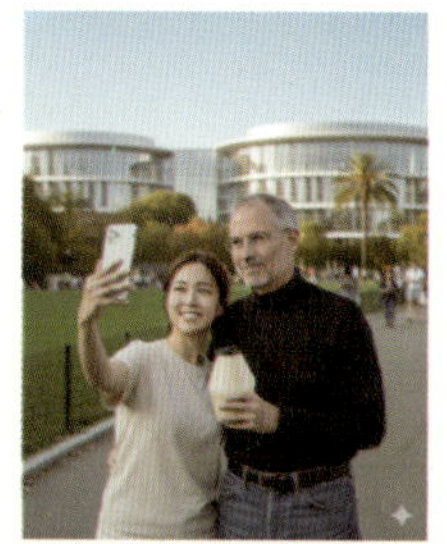
생성 이미지	응용 이미지

🍌 **프롬프트** 첨부 사진을 활용하고 여성 대학생 원 톤 백 사진들 속에 폴라로이드 사진이 작게 붙어 있는 이미지, 비율은 16:9

⑤ 여기 어디야? 위치 합성의 마법

랜드마크는 사람들의 기억과 감정이 담긴 의미 있는 공간이고, 브랜드는 그 힘을 빌려 존재감을 키운다. SNS 랜드마크 사진은 인증샷을 넘어 브랜드 신뢰도를 높이는 강력한 마케팅 자산이 된다.

Tip: 지도 사진은 구글맵에서 길찾기를 검색한 후 원하는 장소를 입력하면 얻을 수 있다.

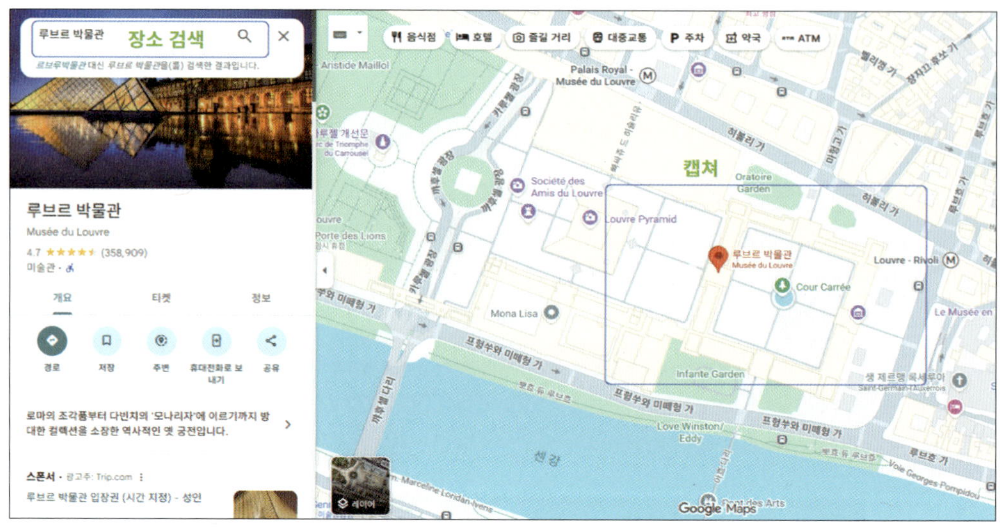

❶ 핫스폿 합성 이미지 만들기

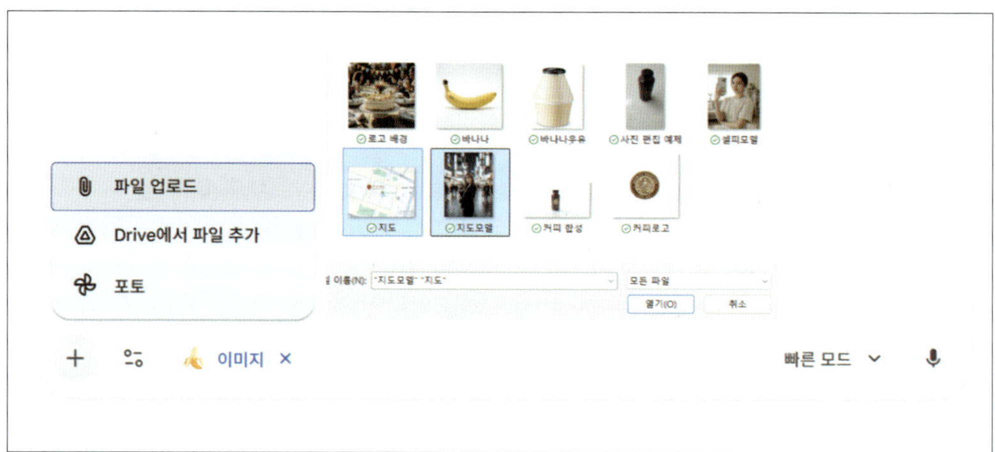

실습1 핫스폿 합성 이미지 만들기

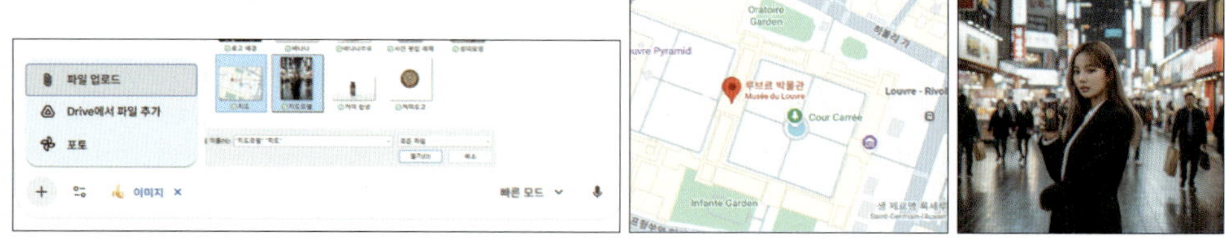

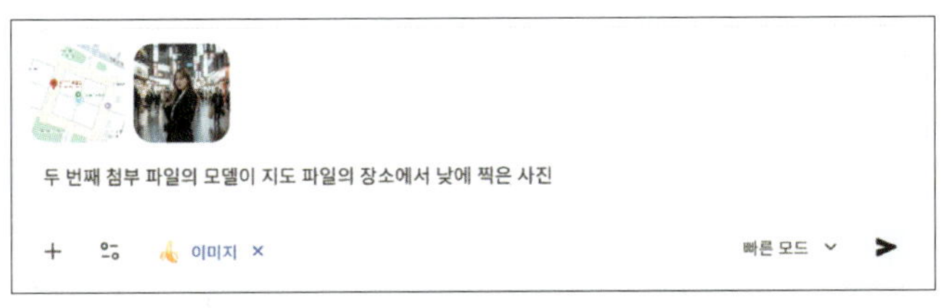

생성된 이미지를 활용해 다양한 변형 이미지를 생성한다.

생성 이미지	01	02	04

2 인스타그램 밈 핫스폿 합성 이미지 만들기 (나노바나나 프로 사용)

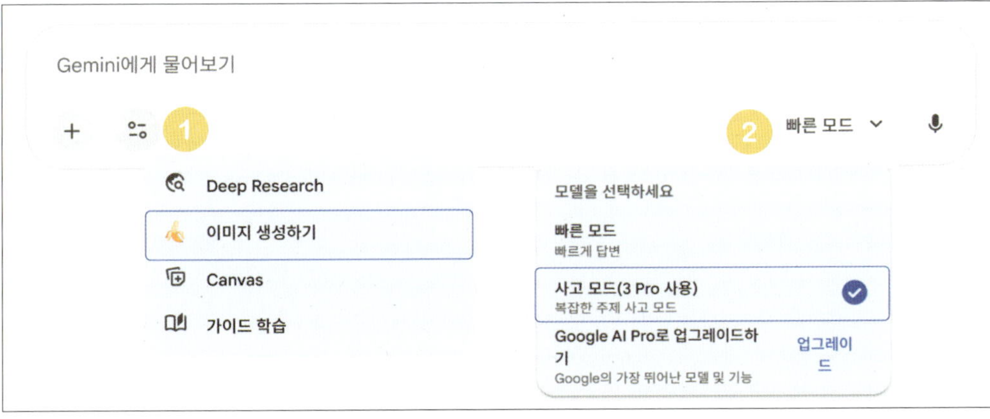

Tip: 한글 표현은 나노바나나 프로를 활용해야 한다.

 **프롬프트**

일본 디즈니랜드 랜드마크 성 앞에 미키마우스와 미니마우스가 서 있는 실사 이미지 한 장과 함께, 아래에는 구글 지도 캡처 UI 스타일의 정보 카드가 있습니다. 이 카드에는 상단에 일본 디즈니랜드라는 지역명이 bold체로 표시되어 있고, 그 아래에는 5점 만점에 5.0점 (10555)이라는 평점과 노란 별표가 있습니다. 평점 아래에는 '놀이공원'이라는 카테고리가 회색 글씨로 적혀 있습니다. 카드 하단에는 총 4개의 버튼이 있으며, 왼쪽부터 초록색 배경의 화살표 아이콘과 '경로'라는 글씨, 연한 하늘색 배경의 전화 아이콘과 '통화'라는 글씨, 연한 하늘색 배경의 책갈피 아이콘과 '저장'이라는 글씨, 마지막으로 연한 하늘색 배경의 위쪽 화살표 아이콘과 '공유'라는 글씨가 있습니다. 전체적으로 깔끔하고 직관적인 구글 지도 정보 카드 디자인을 따르고 있습니다. 인스타그램 스토리 사이즈

일본 디즈니 랜드 랜드마크 성 앞에 미키마우스와 미니마우스가 서 있는 실사 이미지 한장과 함께, 아래에는 구글 지도 캡처 UI 스타일의 정보 카드가 있습니다. 이 카드에는 상단에 '일본 디즈니 랜드'라는 지역명이 bold체로 표시되어 있고, 그 아래에는 5점 만점에 5.0점 (10555)이라는 평점과 노란 별표가 있습니다. 평점 아래에는 '놀이공원'이라는 카테고리가 회색 글씨로 적혀 있습니다. 카드 하단에는 총 4개의 버튼이 있으며, 왼쪽부터 초록색 배경의 화살표 아이콘과 '경로'라는 글씨, 연한 하늘색 배경의 전화 아이콘과 '통화'라는 글씨, 연한 하늘색 배경의 책갈피 아이콘과 '저장'이라는 글씨, 마지막으로 연한 하늘색 배경의 위쪽 화살표 아이콘과 '공유'라는 글씨가 있습니다. 전체적으로 깔끔하고 직관적인 구글 지도 정보 카드 디자

01.생성 이미지	02.응용 이미지

③ 응용 프롬프트를 넣고 이미지를 생성한다.

미키 마우스 미니 마우스 대신 첨부 파일의 모델이 어울리는 포즈와 옷을 입고 있다.

+   이미지 ✕   사고 모드 ⌄ ➤

❻ 핫스폿 3D 미니어처 디오라마 제작하기

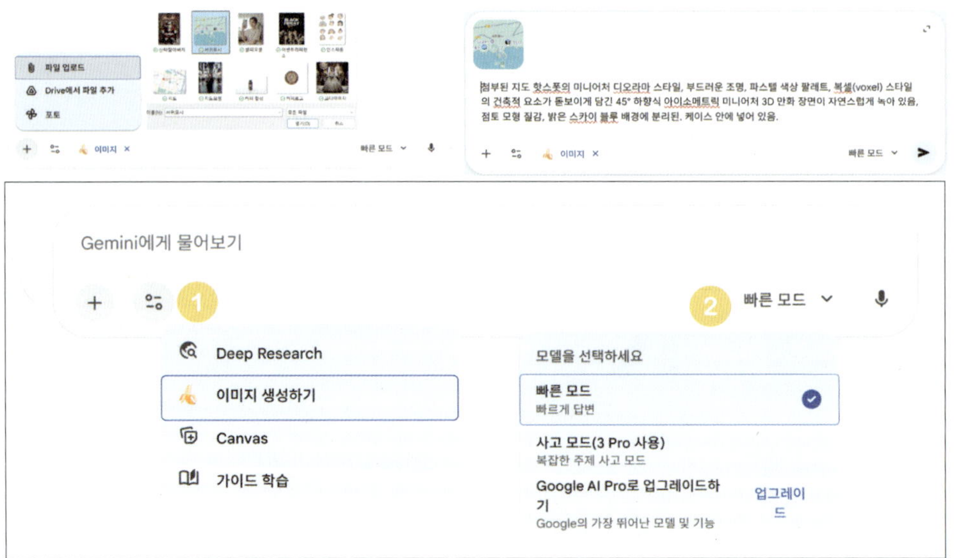

> ### 🍌 프롬프트
>
> 첨부된 지도 핫스팟 미니어처 디오라마 스타일, 부드러운 조명, 파스텔 색상 팔레트, 복셀(voxel) 스타일의 건축적 요소가 돋보이게 담긴 45° 하향식 아이소메트릭 미니어처 3D 만화 장면이 자연스럽게 녹아 있음, 점토 모형 질감, 밝은 스카이 블루 배경에 분리된, 케이스 안에 넣어 있음.

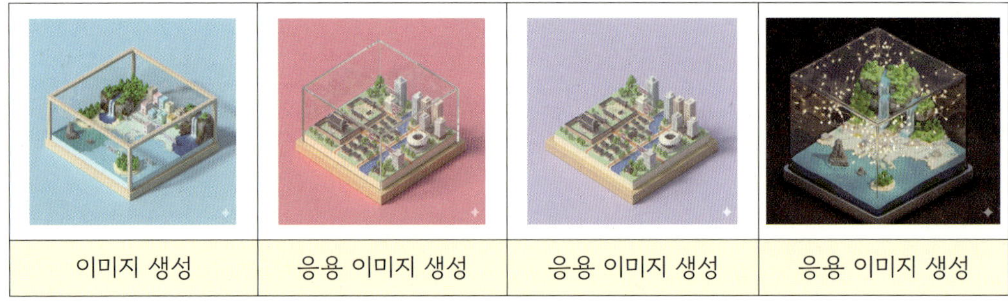

이미지 생성	응용 이미지 생성	응용 이미지 생성	응용 이미지 생성

Class 2.
상품 이미지 고급화

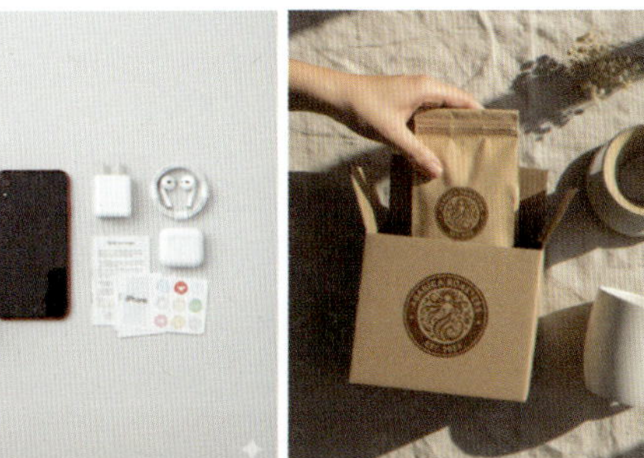

❶ 언박싱의 첫 순간을 사로잡아라

언박싱은 브랜드 첫인상을 결정하는 순간이며, 감동적인 포장은 자연스러운 SNS 공유로 강력한 바이럴을 만든다.

❶ 로고 넣은 언박싱 이미지 제작하기

Tip: 로고를 넣을 때는 "로고를 돋보이게"라는 표현을 넣어야 로고의 변형 없이 눈에 띄는 이미지를 생성할 수 있다.

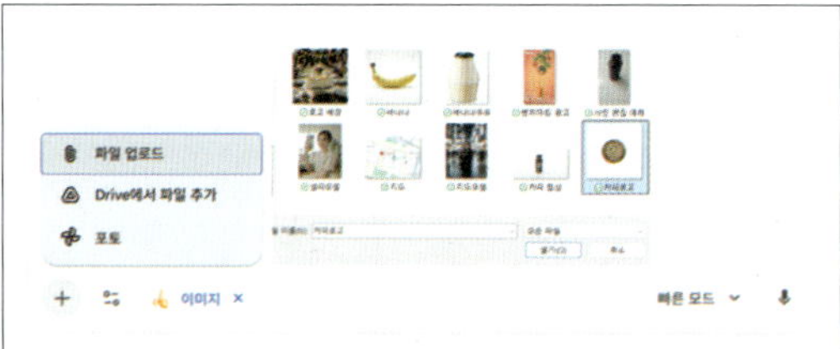

🍌 프롬프트

트렌디한 커피 브랜드 언박싱 사진, 정사각형 프레임 안에서 컬러풀한 커피 패키지 3종이 상자 크기에 맞춰 나란히 놓여 있음(핑크, 블루, 옐로우 포인트 컬러), 아이레벨 시점, 밝고 생동감 있는 조명, 깔끔한 흰색 배경, 톡톡 튀는 스타일

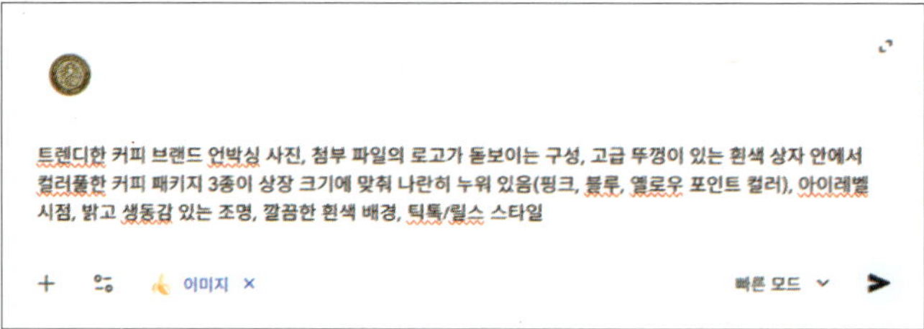

홈 카페 감성의 커피 언박싱, 첨부 파일의 로고가 돋보이는 베이지 톤 종이 박스에서 크래프트지로 포장된 커피 원두가 나오는 순간, 박스 옆에 빈티지 커피 드리퍼와 하얀 머그컵 배치, 탑뷰, 따뜻한 오후 햇살, 린넨 천 배경, 드라이 플라워 소품, 아늑하고 따뜻한 분위기, 틱톡/릴스 스타일, 자연스러운 색감

② 상황에 따른 언박싱 이미지 제작하기

① 구독 박스형 이미지

강아지 간식 구독 박스 언박싱, 일러스트가 그려진 박스에서 다양한 간식과 장난감이 나옴, 귀여운 강아지가 옆에서 기대하는 모습, 아이레벨, 따뜻한 실내 조명, 거실 배경, 사랑스럽고 행복한 분위기, 펫스타그램

② 전자기기 이미지

🍌 프롬프트

빨간 iPhone XR 언박싱 구성품, 평평하게 놓고 위에서 찍은 탑다운 샷 (Flat lay, Top-down shot), 스마트폰 본체, 박스, 충전 어댑터, 라이트닝 케이블, 유선 이어폰 (EarPods), 설명서 및 기타 종이 서류가 나란히 배열되어 있음, 밝은 자연광, 디테일이 살아 있는 스튜디오 품질의 사진, 탑뷰

③ 도서/문구 이미지

🍌 프롬프트

한정판 하드커버 책 언박싱, 블랙 박스에서 금박 엠보싱 표지의 책이 나옴, 실크 북마크와 아트 카드 포함, 탑뷰, 부드러운 독서등 조명, 빈티지 책상 배경, 지적이고 우아한 분위기, 북스타그램 감성

> 메이크업 비포 애프터, 왼쪽은 베이스 메이크업 전 맨 얼굴, 오른쪽은 완성된 K-뷰티 메이크업, 같은 여성 모 델, 아이 레벨, 균일한 조명, 밝은 배경, 자연스러운 변화 강조, 뷰티 인플루언서 스타일, 은은하면서 맑은 메 이크업, 인스타그램 최적화
>
> ＋　⋮⋮　🍌 이미지 ✕　　　　　　　　　Pro ⌄　➤

🍌 **프롬프트**

메이크업 비포 애프터, 왼쪽은 베이스 메이크업 전 맨얼굴, 오른쪽은 완성된 K-뷰티 메이크업, 같은 여성 모델, 아이 레벨, 균일한 조명, 밝은 배경, 자연스러운 변화 강조, 뷰티 인플루언서 스타일, 은은하면서 맑은 메이크업, 인스타그램 최적화

Tip: 메이크업 비포·애프터를 만들 경우 나노바나나는 미국 스타일을 추구하기 때문에 과한 메이크업을 기본으로 한다. 따라서 K-뷰티, 은은한, 자연스러운 변화 같은 문구를 활용해 프롬프트를 작성해야 한다.

② 목업으로 만드는 프리미엄 느낌

목업은 실제 제품 없이 완제품을 시뮬레이션해 제작 전 검증과 마케팅을 동시에 진행하며, 평면보다 높은 구매 전환율을 만든다. 촬영 비용과 시간을 절감하면서 다양한 버전을 즉시 테스트할 수 있어 마케팅 효율을 극대화한다.

티셔츠 상품 이미지 vs 목업으로 남성에게 티셔츠를 입힌 이미지

특히 의류, 패키지, 인쇄물은 목업 없이 완성품의 실제 느낌을 전달하기 어려우며, AI 도구로 전문 디자이너 없이도 즉시 프로페셔널한 상품 이미지를 제작할 수 있다.

① 전단지 이미지 목업 제작하기

실습1 전단지 이미지

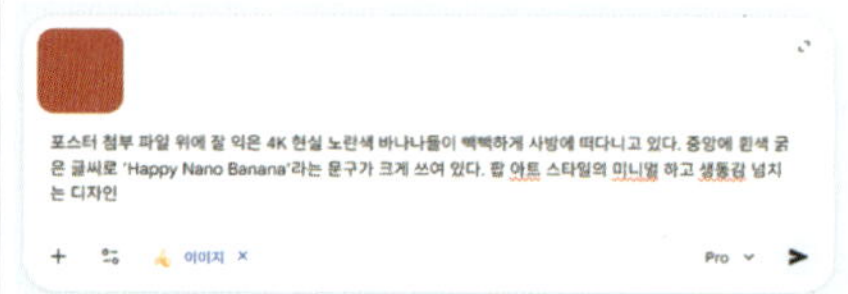

🍌 프롬프트

포스터 첨부 파일 위에 잘 익은 4K 현실 노란색 바나나들이 빽빽하게 사방에 떠다니고 있다. 중앙에 흰색 굵은 글씨로 'Happy Nano Banana'라는 문구가 크게 쓰여 있다. 팝 아트 스타일의 미니멀하고 생동감 넘치는 디자인

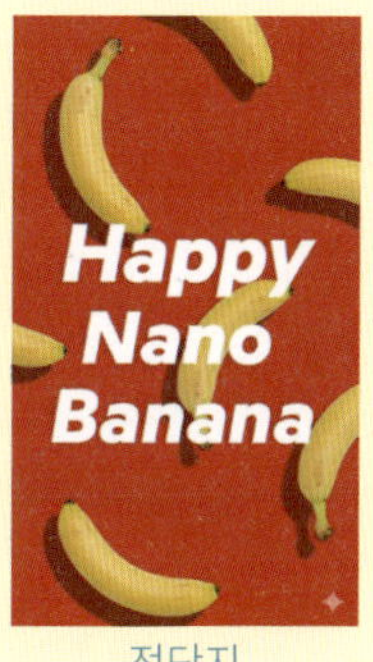

전단지

실습2 목업 이미지로 디벨롭 하기

🍌 프롬프트

3:4 비율 절대적 유지, 위의 이미지가 도심 빌보드 광고 목업, 건물 외벽 대형 광고판에 삽입, 레드 배경이 도시 풍경과 대비, 와이드 앵글, 황혼 조명, 차량과 사람들이 오가는 거리, 브랜드 런칭 캠페인 스타일

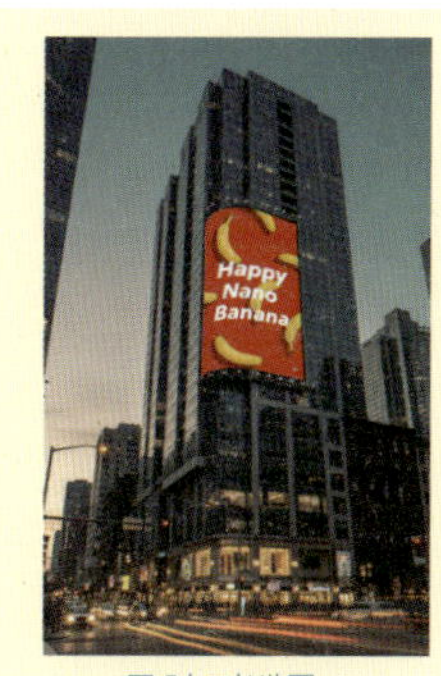

목업 디벨롭 1

실습3

🍌 프롬프트

3:4 비율 절대적 유지, 실제 카페 테이블 위에 놓인 브랜드 음료 제품 목업 장면. 우드 테이블 위에 바나나 스무디 한 잔이 투명한 유리컵에 담겨 있고, 위에는 부드러운 생크림과 바나나 슬라이스가 올려져 있다. 첨부한 이미지를 투명 아크릴 스탠드에 넣은 포스터 형태로 제작해 음료 옆 테이블 위에 자연스럽게 배치한다. 배경은 실제 카페 내부로, 사람들은 자연

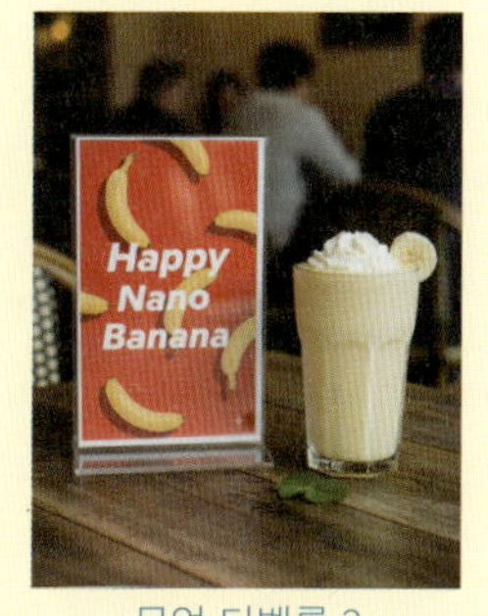

목업 디벨롭 2

스럽게 흐릿하게 아웃포커싱 처리되고 따뜻한 실내조명과 얕은 심도로 제품과 포스터에 시선이 집중된다. 자연광과 인공조명이 섞인 현실적인 라이팅, 고급 브랜드 목업 사진 스타일, 고해상도 4K 실사 사진, 라이프스타일 상업 촬영 느낌.

🍌 **프롬프트**

3:4 비율 절대적 유지, 실제 카페 테이블에 앉아 있는 사람이 스마트폰을 두 손으로 들고 화면을 터치하고 있는 장면. 첨부한 이미지를 스마트폰 화면 속 인스타그램 게시물로 자연스럽게 삽입한다. 배경은 밝은 낮 시간대의 카페 내부로, 커피잔과 테이블이 보이고 사람들은 부드럽게 아웃포커싱 처리된다. 얕은 심도의 와이드 샷, 자연광 중심의 따뜻한 조명, 현실적인 라이프 스타일 촬영 느낌. 고해상도 4K 실사 사진, 브랜드 SNS 홍보 용 콘텐츠 목업 스타일.

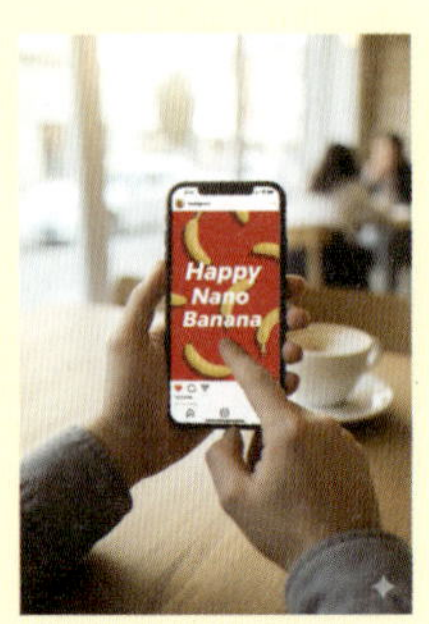
목업 디벨롭 3

③ 모델 포즈로 차별화하기

차별화된 포즈는 광고 속에서 즉각 시선을 붙잡고 브랜드의 시그니처로 기억되게 한다. 예상 밖의 포즈는 감정과 호기심을 자극해 클릭률과 체류 시간을 높이며, SNS에서 자연스러운 바이럴을 만든다.

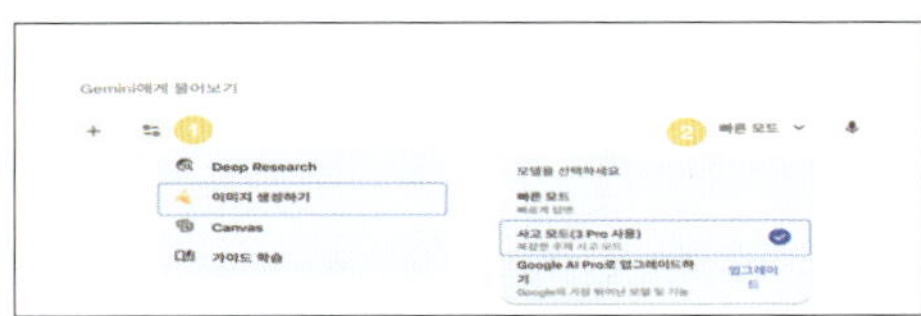

포즈2 첨부 파일 안에 있는 모델이 포즈 의류 첨부 파일의 상품들은 전부 착용하고 포즈1 첨부 파일의 자세를 하고 스튜디오에서 찍은 화보 사진

생성 이미지

응용 이미지

4 분해도로 호기심을 유발하라

분해도는 제품 내부 구조와 숨겨진 디테일을 시각적으로 드러내 "안은 이렇게 생겼구나!"라는 호기심과 발견의 즐거움을 주며, 복잡한 기술이나 품질을 한눈에 이해하게 만들어 신뢰도를 높이고 "이거 봐!"라는 자발적 공유를 유도해 SNS에서 높은 참여도와 바이럴 효과를 만든다.

실습1 이미지로 만드는 분해도 제작하기

 **프롬프트**

이것의 정확한 분해도(Exploded View)를 전문적인 화이트 배경 + 스튜디오 조명으로 만들어 줘.

생성 이미지	응용 이미지

빈티지 필름 카메라(Nikon F 스타일)의 매우 상세한 분해 조립도(exploded view diagram) 일러스트. 카메라는 수직으로 분해되어 모든 내부 부품, 기어, 나사, 렌즈 구성 요소가 공중에 떠 있는 것처럼 정렬되어 있음. 스타일은 흑백의 펜 앤 잉크(pen and ink) 방식의 정밀한 엔지니어링 도면이나 1970년대 특허 그림처럼 보임. 각 부품에는 얇은 지시선과 작은 번호가 매겨져 있고, 이미지의 우측에는 깨알 같은 텍스트로 된 부품 목록(범례)이 포함되어 있음. 배경은 흰색, 선은 뚜렷하고 깔끔

실습2 텍스트로 만드는 분해도 인포그래피 **(나노바나나 프로 사용)**

> ### 🍌 프롬프트
>
> 빈티지 필름 카메라(Nikon F 스타일)의 매우 상세한 분해 조립도(exploded view diagram) 일러스트. 카메라는 수직으로 분해되어 모든 내부 부품, 기어, 나사, 렌즈 구성 요소가 공중에 떠 있는 것처럼 정렬되어 있음. 스타일은 복잡하며 연필(pen ink) 방식의 정밀한 엔지니어링 드로잉으로 보이며 1970년대 특허 그림처럼 보임. 각 부품에는 얇은 지시선과 작은 번호가 매겨져 있고, 이미지의 우측에는 깨알 같은 텍스트로 된 부품 목록(범례)이 포함되어 있음. 배경은 흰색, 선은 투명하고 깔끔

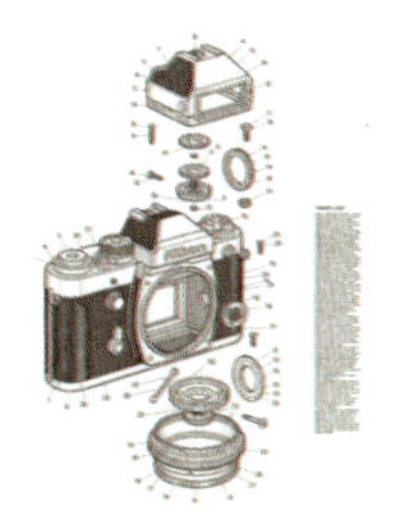

생성 이미지	응용 이미지

Class 3.
SNS 광고 배너 제작

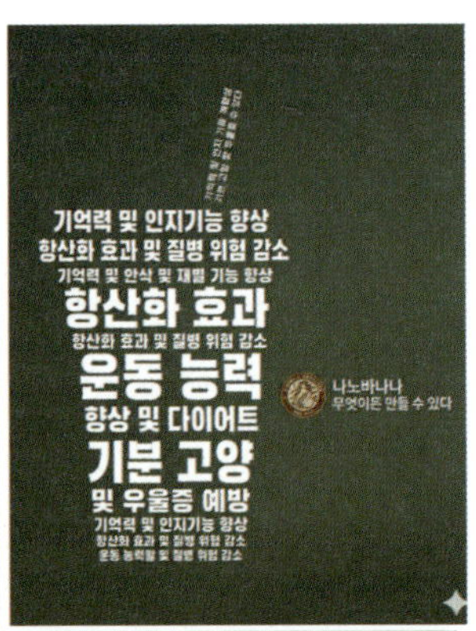

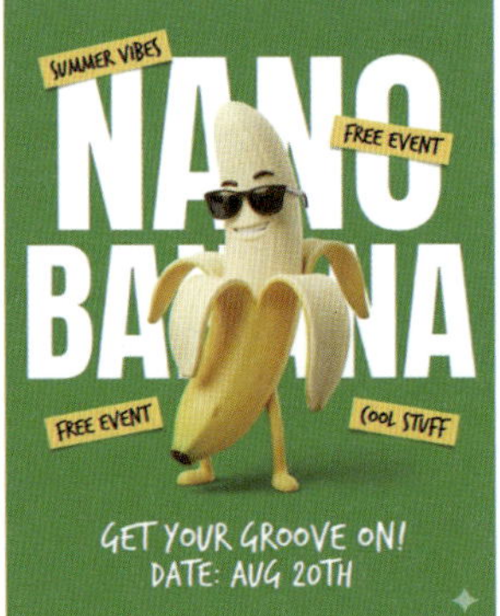

벤치마킹은 검증된 성공 사례를 분석해 시행착오와 비용을 줄이고, 경쟁사의 효과적인 방법을 자사에 맞게 재해석하면 독창성을 유지하며 더 빠르고 안전하게 성과를 낼 수 있다.

① 벤치마킹 기반 디자인 전환

Tip: 벤치마킹할 이미지는 핀터레스트 사이트를 활용하면 수월하게 얻을 수 있다.

첫 번째 이미지의 핵심 아이디어를 유지하면서 복숭아를 완전히 제거 후 커다란 커피콩이 달린 가지로 완벽하게 바꾸고 유리 잔은 뚜껑이 열려 있는 로고가 돋보이는 두 번째 이미지로 대체해서 사용한 세로 사이즈의 광고 사진

+ ⚬ 🍌 이미지 ✕　　　　　　　　　　　　　빠른 모드 ∨ ➤

> **Tip:** 이미지를 벤치마킹할 경우 프롬프트에 "핵심 아이디어를 유지한다"라는 표현을 반드시 넣어야 하며, 벤치마킹할 광고 이미지가 복잡하면 나노바나나 프로를 사용해야 한다.

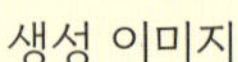

생성 이미지

응용 이미지

이미지를 업로드 후 응용 이미지를 생성한다.

첨부 파일 디자인 유지, 커피 보틀을 머그컵으로 바꿈, 로고는 그대로 유지

+ ⚬　　　　　　　　　　　　　　　　　　빠른 모드 ∨ ➤

❷ 시선을 훔치는 배너의 비밀

 SNS 이벤트 배너 제작하기

🍌 **프롬프트**

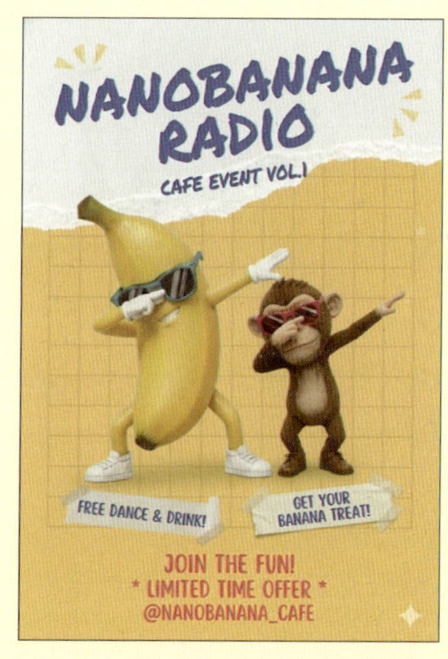

첫 번째 배너 이미지의 전체 배경 스타일과 컬러 톤을 그대로 유지한다. 노란색 격자 배경과 찢어진 종이 느낌의 상단 디자인을 유지한 이벤트 포스터. 중앙에는 선글라스를 쓴 귀여운 3D 바나나 캐릭터가 역동적인 포즈로 배치된다. 오른쪽에는 선글라스를 쓴 원숭이 캐릭터가 바나나 캐릭터의 동작을 똑같이 따라 하고 있다. 전체 분위기는 밝고 경쾌한 카페 이벤트 느낌. 모든 텍스트는 영어로 한다. 상단에는 손 글씨 느낌의 굵은 타이포그래피로 "NANOBANANA RADIO" 작은 보조 텍스트로 "CAFE EVENT VOL.1" 손 글씨 스타일과 캐주얼한 타이포그래피가 자연스럽게 어우러진다. 캐릭터 발아래에는 각각 작게 종이 스티커처럼 보이는 리본형 배너가 배치된다. 흰색 종이 질감, 살짝 구겨진 느낌, 테이프나 그림자 효과로 바닥에 붙어 있는 것처럼 표현. 텍스트 문구는 자유롭게 창작하되 무료 이벤트 분위기, 하단에 텍스트 컬러는 핑크색 귀여운 흘림체

초록색 단색 배경의 미니멀한 이벤트 포스터.
중앙에는 선글라스를 쓴 3D 바나나 캐릭터가 서 있음, 껍질이 자연스럽게 벗겨진 상태.
바나나는 자신감 있고 위트 있는 분위기, 캐주얼하고 트렌디한 느낌.
굵고 큰 화이트 타이포그래피로 "NANO BANANA"가 배경에 배치된 디자인.
노란 종이 스티커처럼 보이는 작은 배너 요소들이 곳곳에 배치됨.
포스터 하단에는 손 글씨 느낌의 캐주얼한 텍스트 스타일.
전체 스타일은 현대적인 광고 포스터, 심플하지만 임팩트 있는 구성.

+ ⚙ 🍌 이미지 ✕   Pro ⌄ ➤

🍌 프롬프트

초록색 단색 배경의 미니멀한 이벤트 포스터. 중앙에는 선글라스를 쓴 3D 바나나 캐릭터가 서 있음, 껍질이 자연스럽게 벗겨진 상태. 바나나는 자신감 있고 위트 있는 분위기, 캐주얼하고 트렌디한 느낌. 굵고 큰 화이트 타이포그래피로 "NANO BANANA"가 배경에 배치된 디자인. 노란 종이 스티커처럼 보이는 작은 배너 요소들이 곳곳에 배치됨. 포스터 하단에는 손 글씨 느낌의 캐주얼한 텍스트 스타일. 전체 스타일은 현대적인 광고 포스터, 심플하지만 임팩트 있는 구성. 선명한 색감, 고해상도, 상업용 이벤트 포스터 퀄리티, 비율은 3:4

❸ 시선을 사로잡는 타이포그래피

타이포그라피는 이미지 없이도 폰트 크기, 굵기, 색상만으로 강렬한 메시지를 즉시 전달하며, SNS에서 빠르게 임팩트를 준다. AI 도구로 쉽게 고퀄리티 광고를 제작할 수 있다.

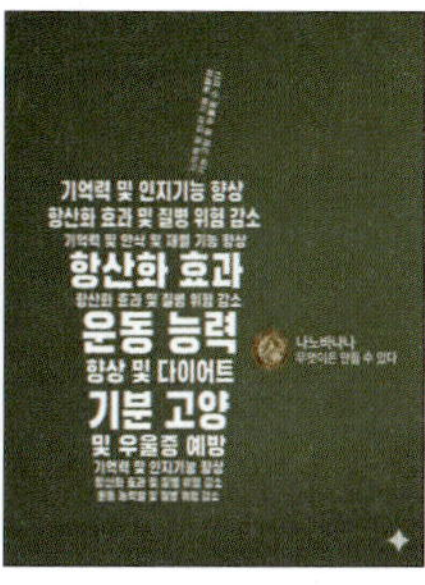

❶ 타이포그래피로 광고 제작하기 (나노바나나 프로 사용)

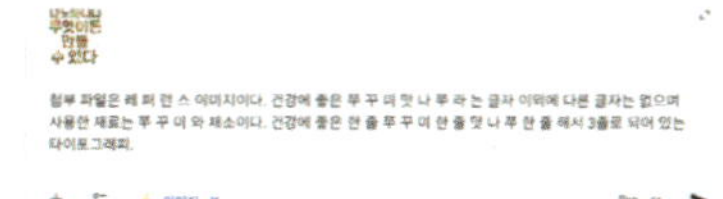

🍌 프롬프트

첨부 파일은 레퍼런스 이미지이다. "건강에 좋은 쭈꾸미 맛나쭈"라는 글자 이외에 다른 글자는 없으며, 사용한 재료는 쭈꾸미와 채소이다. 건강에 좋은 한 줄, 쭈꾸미 한 줄, 맛나쭈 한 줄 해서 3 줄로 되어 있는 타이포그래피

 디벨롭하며 광고 이미지를 생성한다.

위의 이미지를 이용한 쭈꾸미 가게를 홍보하는 광고 사진

＋　　◦-	🍌 이미지　✕　　　　　　　　　　　　　　사고 모드　∨　　➤

| 응용 이미지 | 응용 이미지 |

④ 시선을 사로잡는 자료 시각화

인포그래픽은 복잡한 정보를 3초 만에 전달하고 텍스트 대비 높은 기억 보존율로 제품 강점을 각인시키며, 숫자·그래프·아이콘으로 신뢰도를 높이고 일반 이미지보다 3배 높은 공유율로 바이럴을 만든다.

실습1 정보 인포그래픽

바나나와 파인애플을 비교하는 인포그래픽.
왼쪽은 바나나캐릭터, 오른쪽은 파인애플 캐릭터.
연령대(20대 vs 40대), 영양, 칼로리, 이미지 아이콘 중심의 깔끔한 비교 구성.
밝고 친근한 컬러, 플랫 디자인, 한눈에 이해되는 정보 그래픽 스타일. 비율은 3:4

+ ⤢ 🍌 이미지 ✕   Pro ⌄ ➤

🍌 프롬프트

바나나와 파인애플을 비교하는 인포그래픽. 왼쪽은 바나나 캐릭터, 오른쪽은 파인애플 캐릭터. 연령대(20대 vs 40대), 영양, 칼로리, 이미지 아이콘 중심의 깔끔한 비교 구성. 밝고 친근한 컬러, 플랫 디자인, 한눈에 이해되는 정보 그래픽 스타일. 비율은 3:4

🍌 프롬프트

제미나이 AI 발전 로드맵 인포그래픽. 시간 흐름에 따라 단계별 기능과 활용 사례를 시각적으로 표현. 경로 디자인, 설명 카드와 아이콘 포함.
이해하기 쉬운 교육용 인포그래픽 스타일. 비율은 3:4

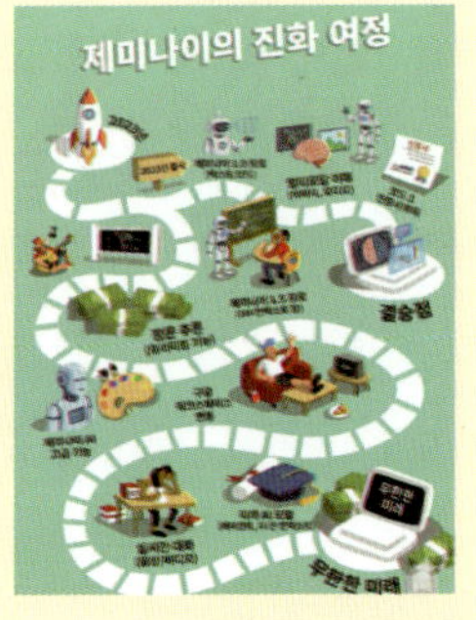

실습2 인물을 활용한 인포그래픽 **(나노바나나 프로 사용)**

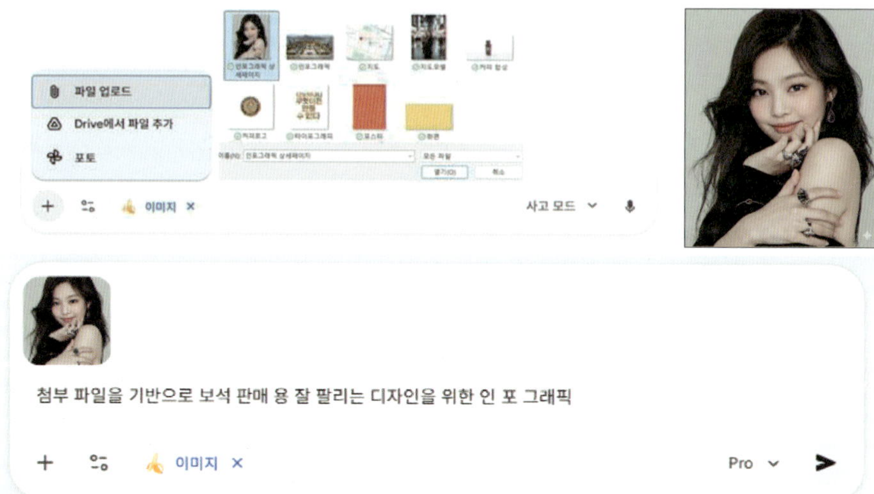

🍌 **프롬프트**

첨부 파일을 기반으로 보석 판매용 잘 팔리는 디자인을 위한 인포그래픽

생성 이미지	응용 이미지

⑥ 테크니컬 드로잉 인포그래픽

 테크니컬 드로잉을 이용한 인포그래픽 제작하기 **(나노바나나 프로 사용)**

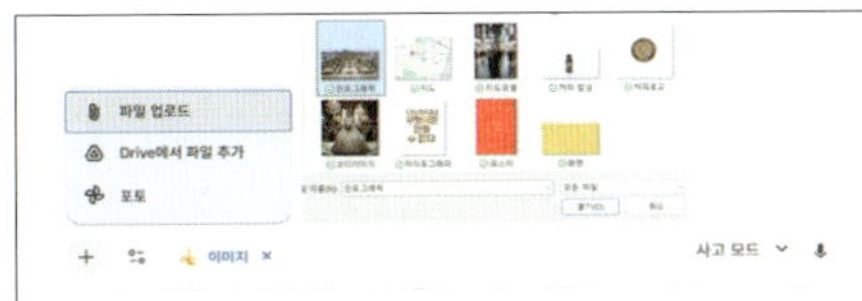
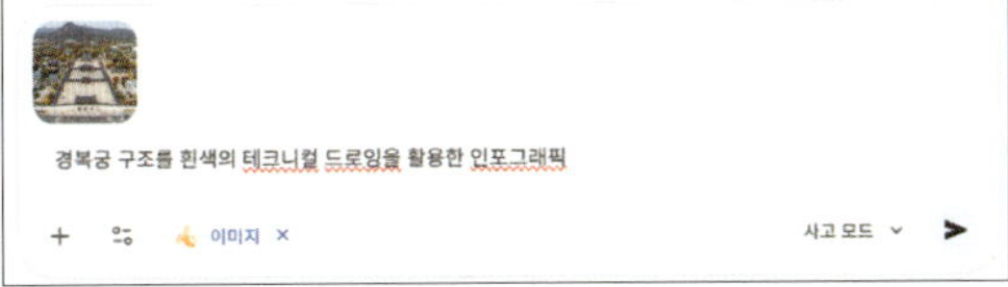

🍌 **프롬프트:** 경복궁 구조를 흰색의 테크니컬 드로잉을 활용한 인포그래픽

 디벨롭하며 인포그래픽 이미지를 생성한다.

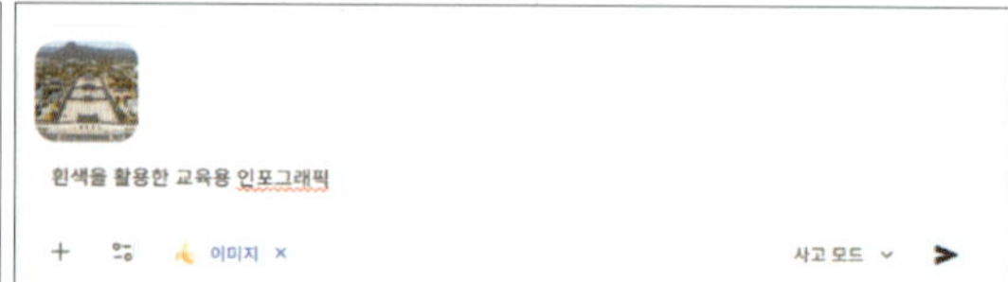

🍌 **프롬프트:** 흰색을 활용한 교육용 인포그래픽

⑦ 메뉴판 인포그래픽

실습5 레퍼런스를 이용한 메뉴 제작하기 (나노바나나 프로 사용)

프롬프트를 넣어 이미지를 생성한다.

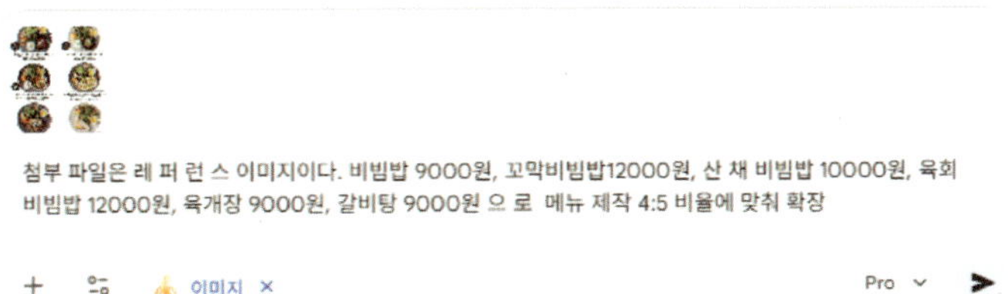

🍌 **프롬프트**

첨부 파일은 레퍼런스 이미지이다. 비빔밥 9,000원, 꼬막 비빔밥 12,000원, 산채 비빔밥 10,000원, 육회 비빔밥 12,000원, 육개장 9,000원, 갈비탕 9,000원으로 메뉴 제작 4:5 비율에 맞춰 확장

생성 이미지

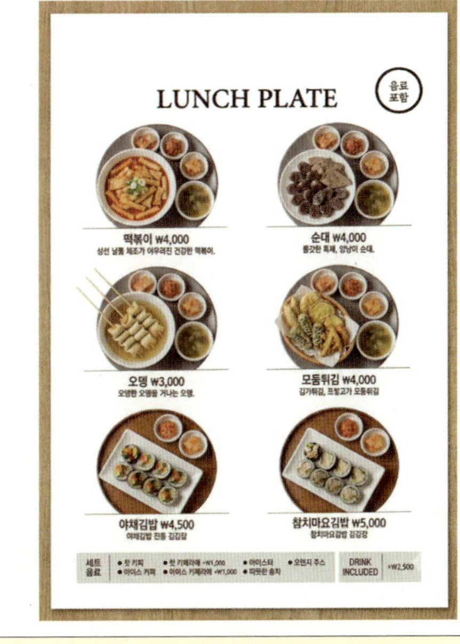

응용 이미지

Class 4.
이커머스 이미지 제작

❶ 구글 믹스보드로 시작하기

나노바나나 모델을 구글 AI 스튜디오나 제미나이에서 사용하다 보면 워터마크나 확장성 문제로 아쉬움을 느낄 때가 있다. 이 모든 것을 한 번에 해결할 수 있는 곳이 바로 구글 믹스보드다. 캔버스에서 이미지를 편집하고 아이디어를 모으는 과정에서 나노바나나로 이미지 생성이 자유롭게 이루어지며, 높은 확장성으로 아이디어를 마음껏 현실화할 수 있다.

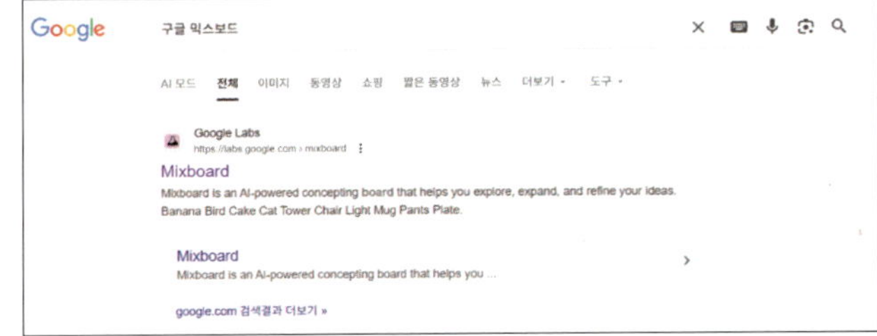

① 웹브라우저에서 구글 믹스보드를 검색한다.

② Gat started 버튼을 클릭한다.

③ New project 버튼을 클릭한다.

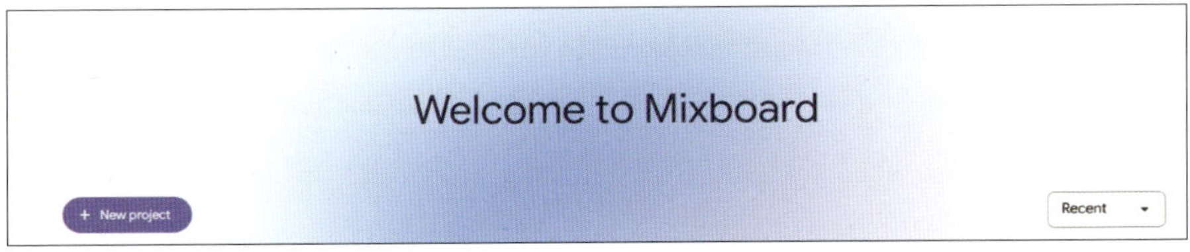

④ 구글 믹스보드 인터페이스의 구성을 익힌다.

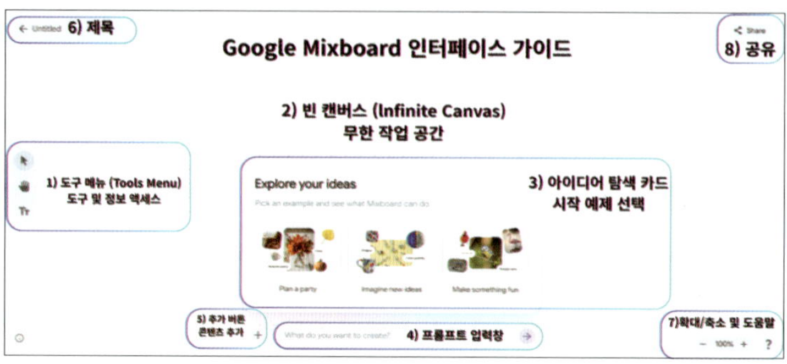

② 제품 착용 컷

tip 파일 첨부를 할 때는 첨부해야 할 이미지를 드래그해서 한꺼번에 잡아줘야 한다.

🍌 **프롬프트:** 이 모델이 의상과 소품을 착용한 다양한 모습을 보여 줘, 전체 모습이 모두 보이게 만들어 줘.

④ 제품 모델 컷

🍌 **프롬프트:** 모델이 화장품을 들고 있는 다양한 포즈 4가지 만들어 줘.

5️⃣ 제품 상세 비주얼 작업

🍌**프롬프트:** 맑고 청량한 수분 에센스를 표현한 프리미엄 스킨 케어 제품 이미지. 미니멀한 배경과 물의 흐름을 활용한 고급 광고 스타일로 3가지

6️⃣ 상세 페이지 이미지 구성하기

바나나와 커피를 믹스해서 만든 바나나 모카 라떼가 시그니처인 카페를 홍보하는 상세 페이지를 제작한다는 가정하에 실습을 진행한다.

프롬프트 입력 창에 아이디어 프롬프트를 넣고 제출한다.

디벨롭하여 이미지를 최대한 많이 비교하고 생성한다.

① 이미지 재생성

재생성을 누르면 처음 명령한 프롬프트를 기반으로 유사한 종류의 이미지를 추가로 생성해 준다.

이미지 생성

Tip: 처음 생성 시에는 여러 장을 한 번에 만들어 주지만, 그 이후에는 한 장씩 생성해 준다. 여러 장이 필요할 경우 여러 장을 생성해 달라고 프롬프트를 작성하면 된다.

이미지 부분 수정을 위해 원하는 사진을 선택한다.

❷ Edit arnotations_(에디터 편집)을 클릭한다. (또는 이미지를 더블 클릭한다.)

원하는 부분을 그리고 저장한 후 이미지를 클릭 프롬프트를 입력한다.

❸ 원하는 부분에 이미지가 추가된 것을 볼 수 있다.

④ 두 장의 이미지를 합성한다.

Shift 키를 누르고 원하는 이미지 두 장을 클릭해서 선택한 후 프롬프트를 넣는다.

생성 이미지	응용 이미지

⑤ 이미지 불러와서 이미지를 생성한다.

원하는 모델 이미지를 업로드하면 캔버스 안으로 이미지가 들어온다.

– 상세 이미지에 필요한 이미지를 생성한다.

6 사진들을 비교 분석해 정리하고 원하는 이미지를 골라 저장한다.

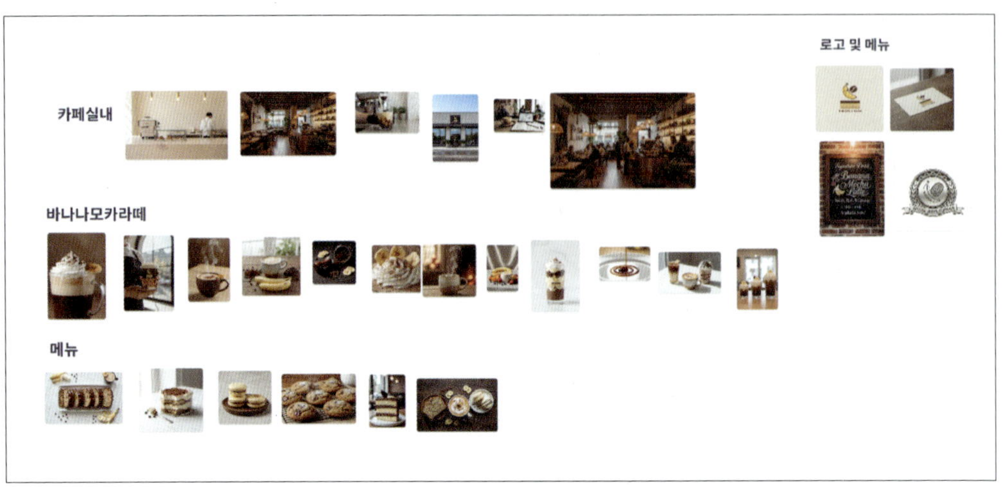

7 상세 페이지 이미지 아이디어 추천받기

의류 판매를 위한 모델 이미지 생성 아이디어를 추천받는다는 가정하에 실습을 진행한다.

8 모델 추천받기 위한 프롬프트를 넣고 이미지를 생성한다.

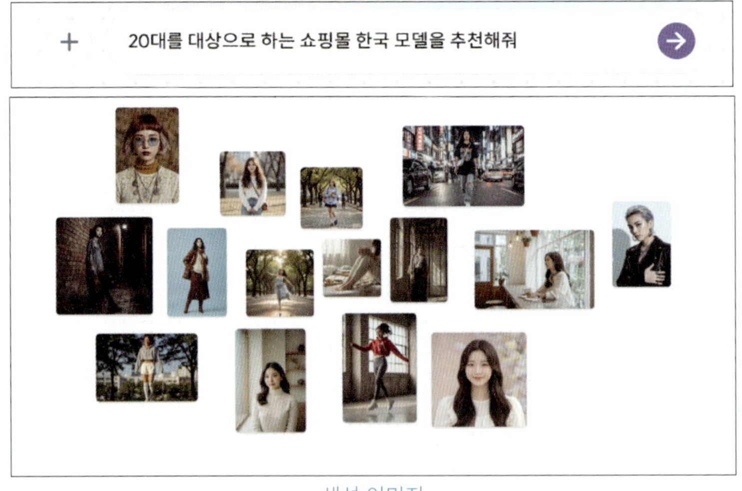

생성 이미지

⑨ 모델이 맞춘 의상 추천 프롬프트를 넣고 이미지를 생성한다.

이미지 생성

⑩ 의상 이미지 만들기 위한 프롬프트를 넣고 이미지를 생성한다.

🍌 **프롬프트:** 20대들이 선호하는 의상을 사람 없이 제품만 전자 상거래 스타일로 여러 장 만들어 줘.

Tip 제품만 생성하고 싶을 때는 '모델 없이' 또는 '사람 없이'라는 표현을 사용해야 한다.

생성 이미지

⑪ 모델과 의상에 어울이는 액세서리 추천 프롬프트를 넣고 이미지를 생성한다.

생성 이미지

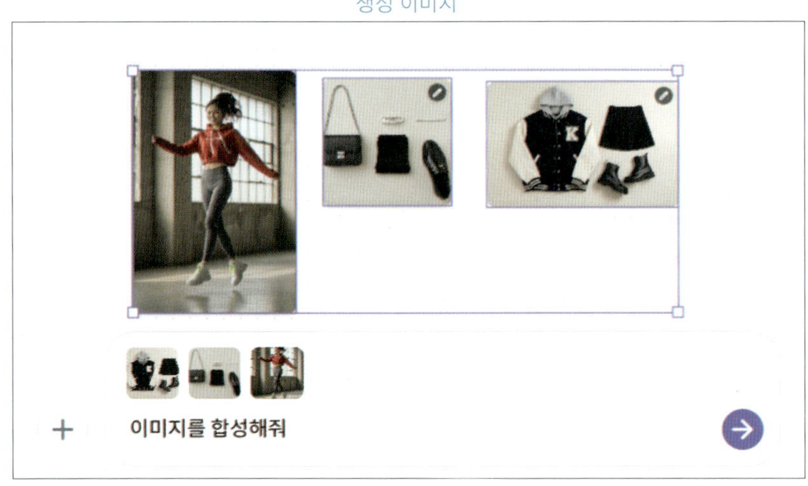

생성 이미지

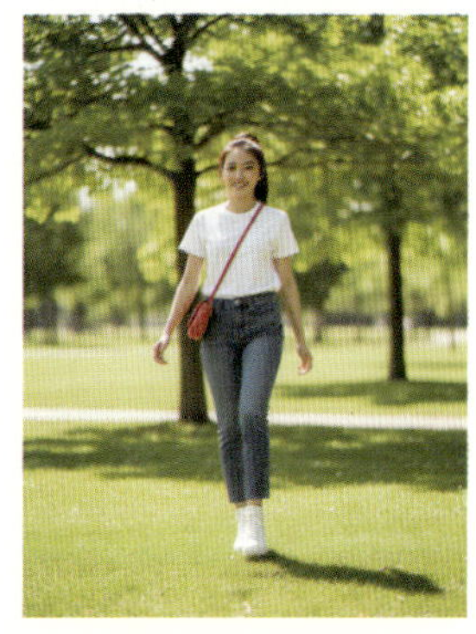

| 생성 이미지 | 응용 이미지 |

⑫ 모델의 활동 사진에 관련된 프롬프트를 넣고 이미지 생성한다.

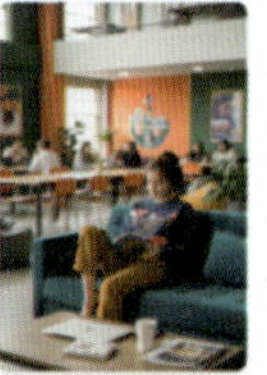

생성 이미지

상세 페이지는 첫 3초 안에 핵심 베네핏을 시각적으로 꽂아 넣어야 전환이 올라간다. 상단에 차별점과 해결 포인트를 배치하고, 사용 장면 → 스펙 → 후기 → 비포 애프터를 흐름 있게 구성하면 구매율이 높아진다.

⑭ 나노바나나로 상세 페이지 제작하기 (나노바나나 프로 사용)

바나나 모카 라떼 상세 페이지를 만든다는 가정하에 실습을 진행한다.

상세 페이지를 작성할 때는 프롬프트 하나로 만들어지지 않는다. 상품에 대한 분석을 제미나이로 충분히 진행한 후 이미지를 만들 수 있다.

우선 상세 페이지.png를 업로드한 후 레퍼런스가 되는 상세 페이지를 분석한다.

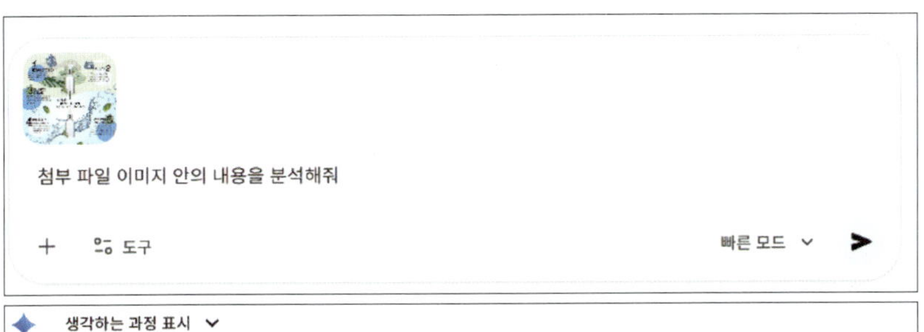

분석 결과

바나나 모카 라떼.png를 업로드한 후 분석한다.

바나나 모카 라떼 카페의 시그니처 메뉴를 개발하려고 해. 바나나와 커피가 어우러져 풍미가 있는 제품으로 모카 원두를 사용할 예정이야. 이 제품을 상세하게 분석해 줘.

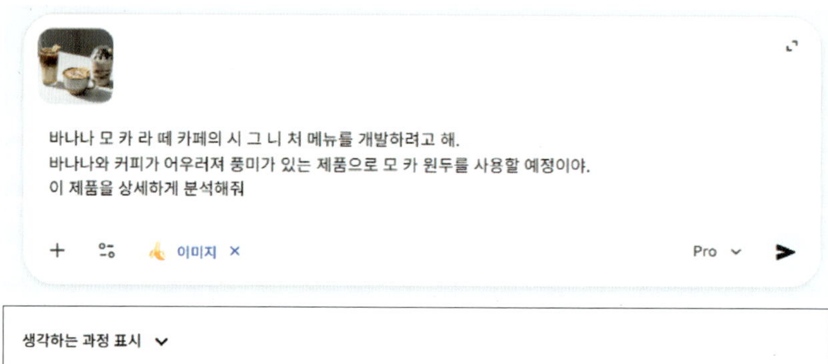

분석 결과

레퍼런스 이미지를 바탕으로 상품의 내용을 분석해서 정리한다.

프롬프트

상세 페이지 첨부 파일을 레퍼런스로 해서 바나나 모카 라떼 내용으로 바꾸고 싶어. 들어갈 내용들을 분석해서 정리해 줘.

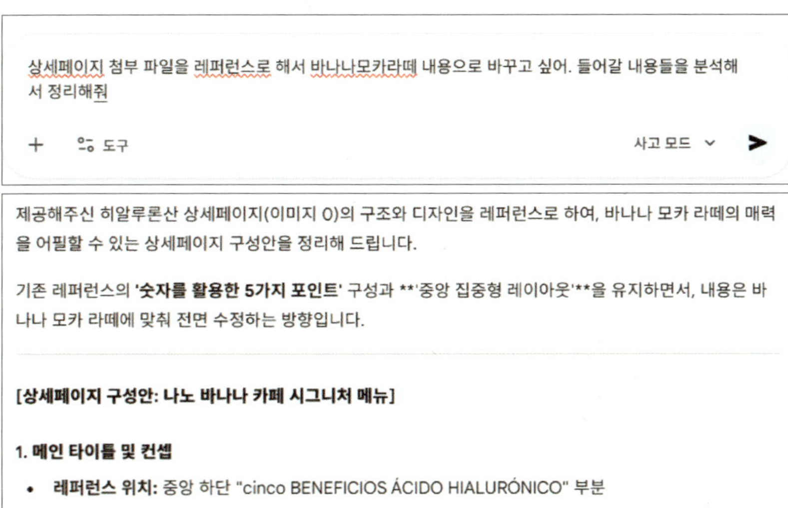

정리 결과

나노바나나 모델인 이미지를 생성하기로 세팅한다.

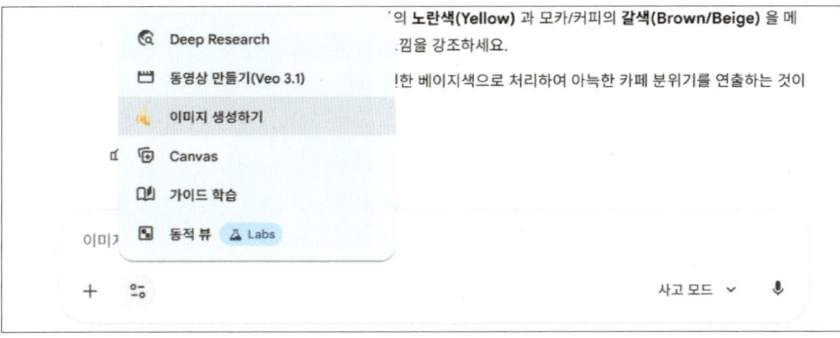

프롬프트를 넣어 상세 페이지를 생성한 후 디벨롭해서 이미지를 완성한다.

상세 페이지 첨부 파일을 레퍼런스로 활용해, 위에서 정리한 내용을 바탕으로 전체 내용을 바나나 모카 라떼 콘셉트에 맞게 자연스럽게 그려 줘.

상 세 페이지 첨부 파일을 레퍼 런스로 활용해, 위에서 정리한 내용을 바탕으로 전체 내용을 바나나 모 카 라 떼 콘셉트에 맞게 자연스럽게 그려줘

＋　ㅇㅇ　🍌 이미지　✕　　　　　　　　　　　Pro ∨　➤

생성 이미지	디벨롭 이미지

PART 5

나노바나나의 확장: AI 영상 속으로

Class 1.
클링AI: 비디오계 나노바나나

❶ 클링 AI는 어떤 서비스인가?

클링 AI(Kling AI)는 중국의 AI 기업 콰이쇼우(Kuaishou)에서 만든 AI 영상 생성 서비스다. 2024년에 출시되어 전 세계 크리에이터들의 주목을 받고 있다.

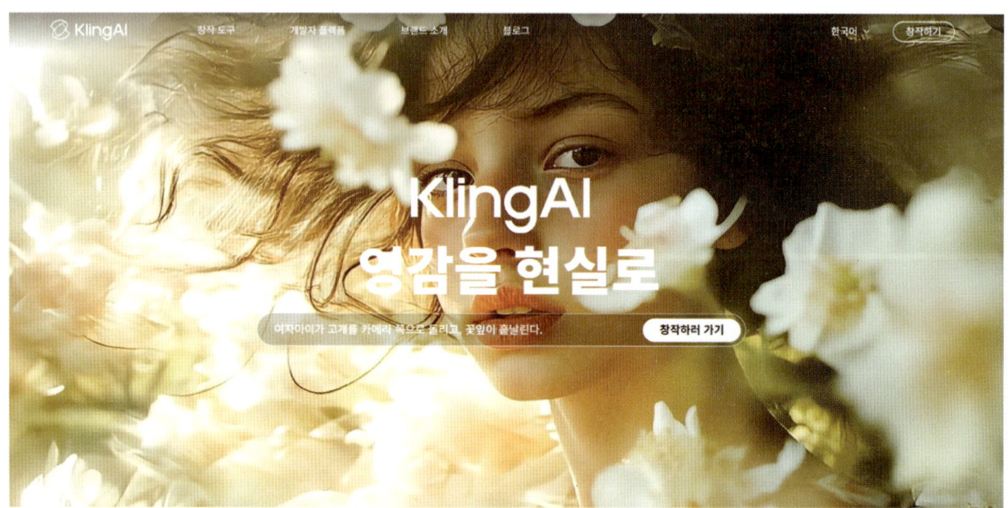

❷ 클링으로 영상 시작하기

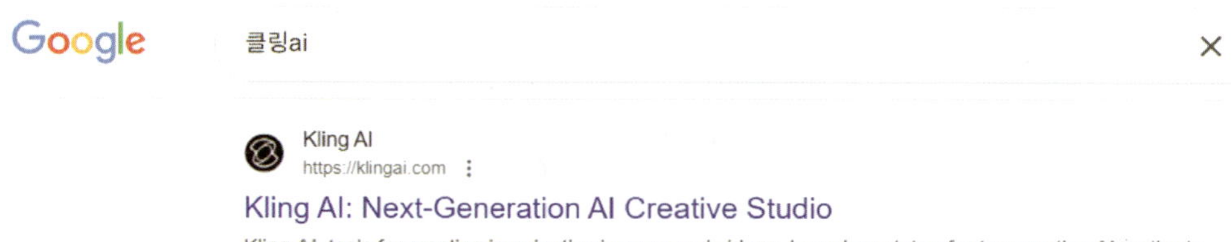

무료 vs 유료 플랜 비교해 보기

클링 AI는 기본적으로 유료 서비스지만, 가입 시 일정량의 무료 166 크레딧을 제공한다. 무료 크레딧으로 서비스를 체험해 본 후 필요에 따라 유료 플랜을 선택할 수 있다.

클링 AI는 영상을 만드는 도구를 넘어, 나노바나나에서 탄생한 이미지에 생명을 불어넣는 마법 같은 서비스다.

③ 클링 01 멀티모달 영상

이 기능은 만들어진 영상을 수정하는 기능이다. 크리에이터라면 이 기능을 유용하게 사용할 수 있다.

① Kling 01

Kling O1은 Multi-modal visual language(MVL) 이념을 적용하여, 자연어를 의미적 기반으로 삼고 비디오, 이미지, 피사체 등 멀티모달 정보를 결합하여 사용자의 의도를 정확하게 이해함으로써 조작은 더 직관적으로, 창작은 더 효율적으로 만든다.

세계 최초의 통합 멀티모달 비디오 모델로, 새로운 창작 엔진을 구축하여 무한한 창작 가능성을 열어 주는 서비스다.

② 모델 4가지

클링의 모델을 보면 4가지의 모델이 있으며 각 모델에 따라서 제공하는 서비스가 다르다.

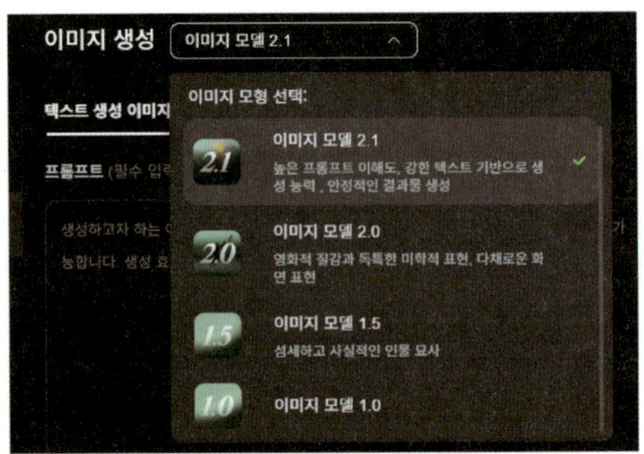

③ 다양한 소품 조합한 영상 제작하기 [이미지 주제 참고]

1~7장의 참고 이미지를 업로드할 수 있다. 그 이미지들을 이용해서 인물, 캐릭터, 소품, 의상, 장면 같은 요소들을 자유롭게 조합할 수 있다. 여러 이미지를 섞어서 새로운 스타일이나 상호작용을 만들 수 있다.

파일을 넣고 싶으면 [이미지]를 입력해서 파일을 선택하면 된다.

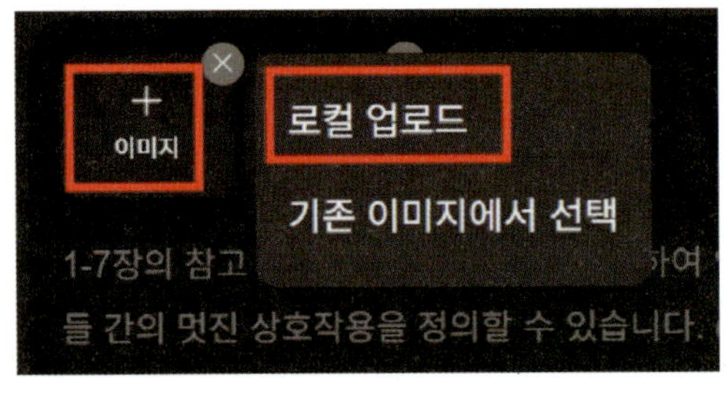

먼저 [이미지/주체 참고]를 선택한 후 이미지를 클릭한다. [로컬 업로드]로 폴더에 있는 파일을 선택하여 첨부한다. [기존 이미지]는 클링에 첨부했거나 클링에서 생성된 이미지를 뜻한다.

④ [주체] 만들기

소품 이미지를 모두 첨부한 후 [주체]를 선택한다. 주체는 모델이다. 모델 [기존 이미지에서 선택]은 클링에서 제공하고 있는 이미지가 있다. .

아래는 [공식 주체] 이미지다. 클링에서 기본적으로 제공하는 주체를 사용해도 좋다. 하지만 내가 만들어서 사용하고 싶다면 [내 주체]를 선택해 이미지를 추가해 준다.

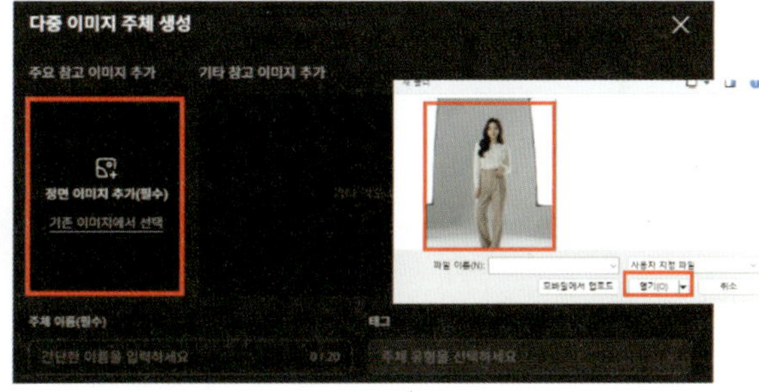

⑤ [주요 참고 이미지 추가]를 완료한다. 우측에 [기타 각도 이미지 추가]에서 [AI 자동 보완]을 사용하여 다양한 각도의 인물 이미지를 생성했다. 이 기능은 매일 3번 무료로 사용 가능하다. 아래와 같이 다양한 포즈를 가져다준다.

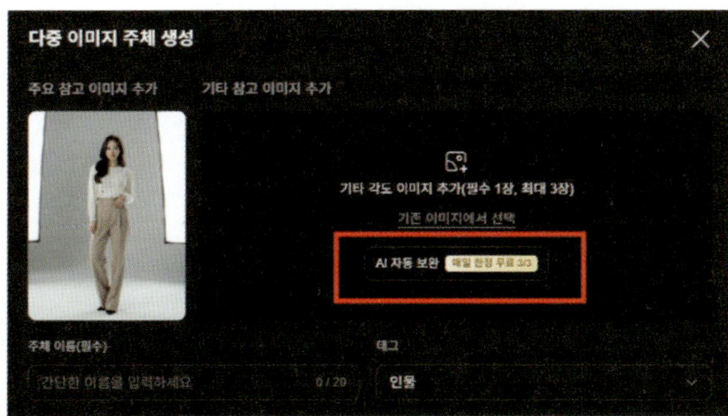
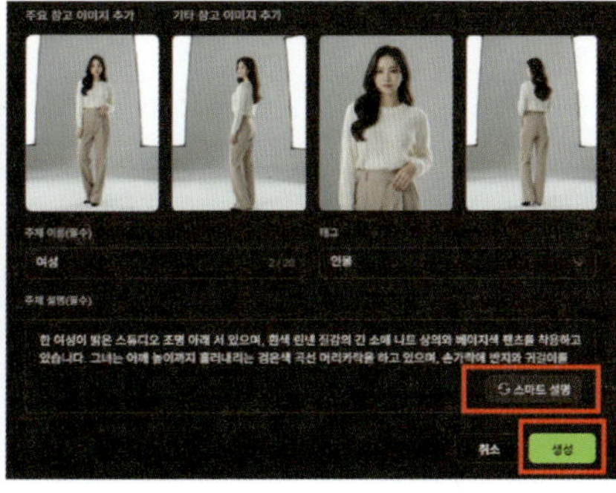

마음에 드는 포즈를 선택한다.

지금은 인물 주체를 만들었지만 동물, 소품, 의상, 배경 등의 주체를 만들어 두고 다음 영상에서 사용할 수 있다.

❻ 프롬프트를 작성한 다음, [생성]을 해준다.

크레딧은 어떤 서비스의 생성인가에 따라 달라진다.

의상 착용

[동영상 캡처본] 위와 같이 소품을 착용한 영상이 만들어진다.

7 동영상 다운로드 하기

2번째 Before & After 템플릿을 선택한다 하단의 템플릿 중 맘에 드는 것을 선택하고 다운로드 하면 된다.

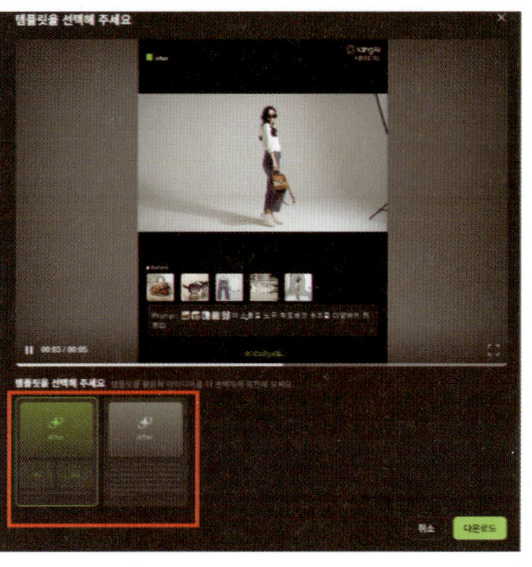

8 동물쇼츠 영상 제작법

- [비디오 참고]를 클릭하면 아래 매뉴얼이 달라진다. [영상] [이미지] [주체]를 업로드하여 영상을 편집하는 요소로 사용한다.
- 편집하고 싶은 영상 첨부해서 연장을 하거나 수정을 할 수 있다.
- 먼저 편집할 3초~10초 이내의 영상을 준비한다. 긴 영상은 첨부가 안 된다.

[이미지]에 독수리 이미지를 첨부한다. 첨부한 이미지에 '@이미지'라고 표기된다. 영상을 업로드하면 '@영상'이라고 표기된다.

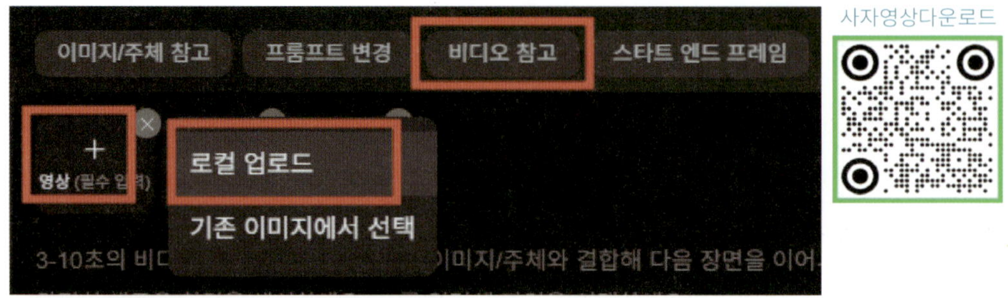

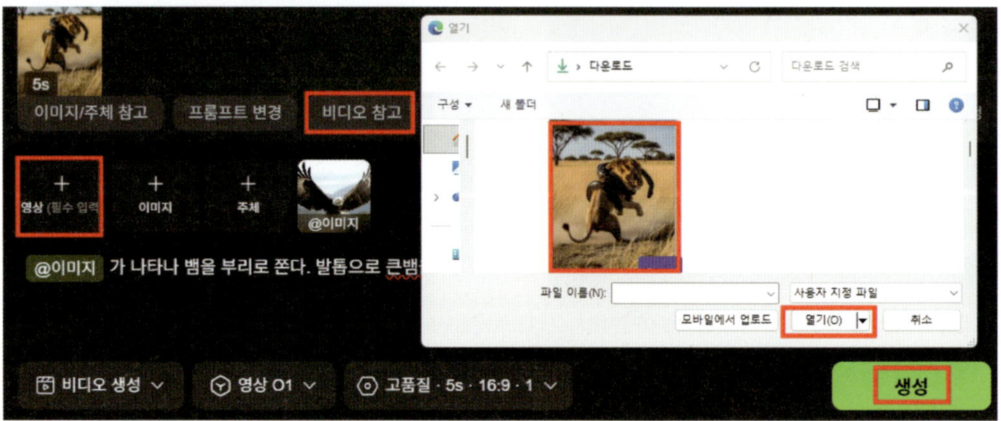

두 가지의 요소를 업로드하고 프롬프트를 작성한다.

@이미지가 나타나 @영상 속의 뱀을 부리로 쪼으며 강하게 공격한다. 발톱으로 큰 뱀을 집어서 날아오른다.

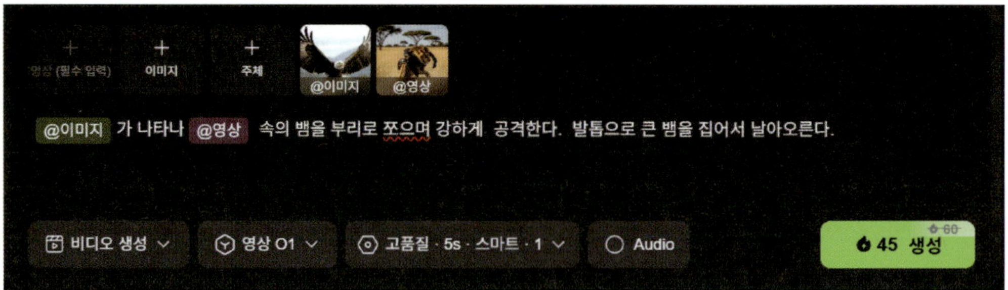

같은 장면에서 독수리가 추가가 된 것을 알 수 있다.

사자와 독수리 결
과영상

❹ 나노바나나 이미지를 영상으로 만들기

나노바나나에서 공들여 만든 캐릭터나 장면 이미지를 업로드하면, AI가 자연스러운 움직임을 추가해 생동감 있는 영상을 완성한다.

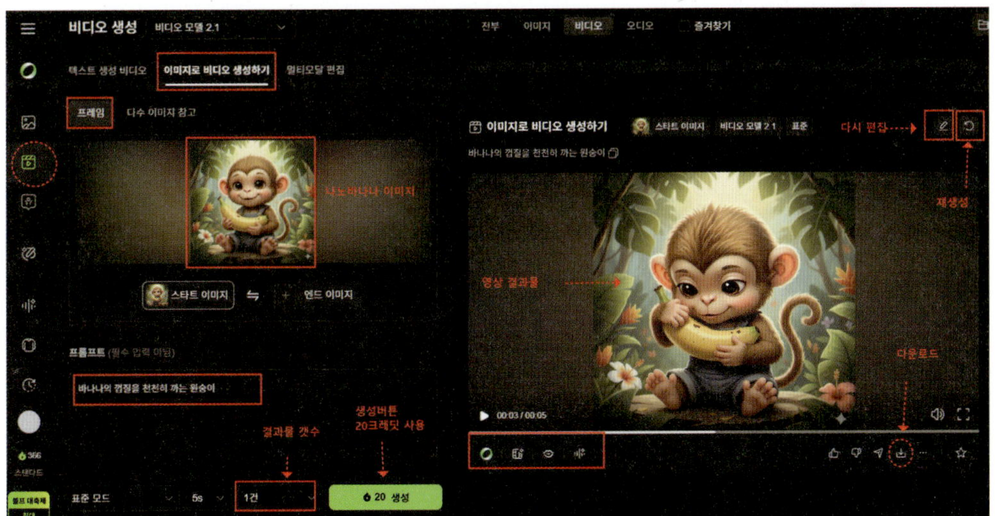

① 이미지로 영상 생성 과정

1. 나노바나나에서 만든 이미지를 넣는다

2. 프롬프트를 쓴다

3. 생성 버튼을 누른다

아기원숭이 영상

자동 영상 프롬프트 생성 DeepSeek

DeepSeek를 클릭하면 자동으로 첨부한 이미지를 분석하여 3가지 정도의 프롬프트를 제안해 준다.

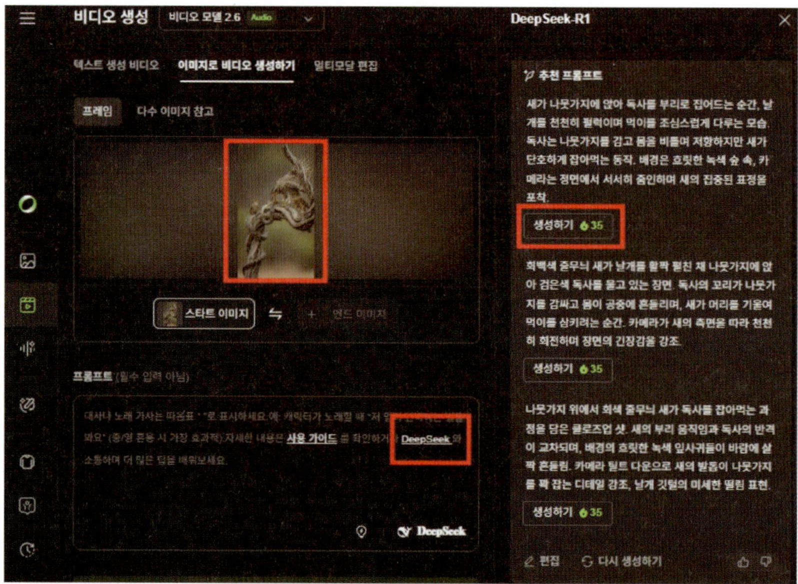

② 여러 이미지를 하나의 영상으로 합성하기 [다수 이미지 참고]

각각의 인물이나 동물 사물을 하나씩 넣고 하나의 비디오를 만들어 낼 수 있다. 이 기능은 AI 이미지 생성으로 잘 안 되는 아이템 같은 경우에 유용하게 활용할 수 있다. 다수 이미지는 최대 4장까지 첨부할 수 있다.

⑤ 디지털 캐릭터로 제품 홍보

① 디지털 아바타를 이용해 제품 홍보 영상을 생성할 수 있다. 립싱크나 움직임이 자연스럽다.

② 디지털 캐릭터 홈 구성

기존 캐릭터 [공식 캐릭터]를 선택해서 영상을 만들어 본다.

애니 캐릭터, 동물, 아기 캐릭터도 퀄리티가 아주 높다. 셀러 혹은 온라인 크리에이터라면 [디지털 캐릭터]를 이용해 영상을 만들어 보길 추천한다.

더빙 콘텐츠

이 립 진짜 갓생템이에요. 바르는 순간 컬러가 너무 예쁘게 올라오죠? 데일리로 쓰기 딱이라서 요즘 가방에 항상 넣고 다녀요. 가까이 보여 줄게요. 이렇게 촉촉한 텍스처 보이죠? 이 조합 너무 미쳤다

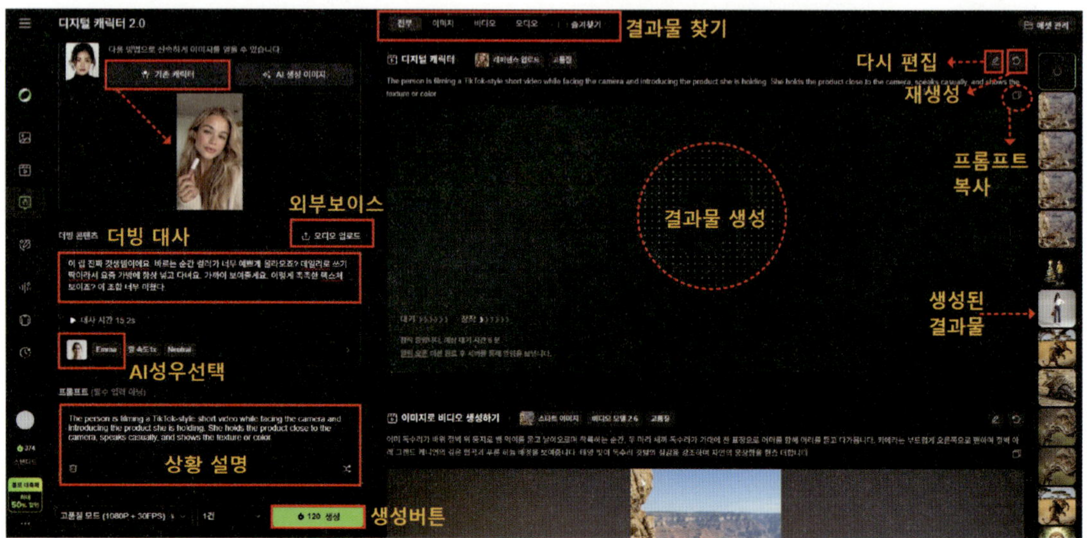

립스틱영상

"이거 요즘 제가 진짜 잘 쓰는 제품이에요. 피부에 바르면 결이 바로 정리돼서 메이크업이 훨씬 깔끔하게 올라가요. 가까이서 보여 줄게요. 이렇게 텍스처가 엄청 부드러워요. 데일리로 쓰기 딱 좋아요."

홍보 멘트

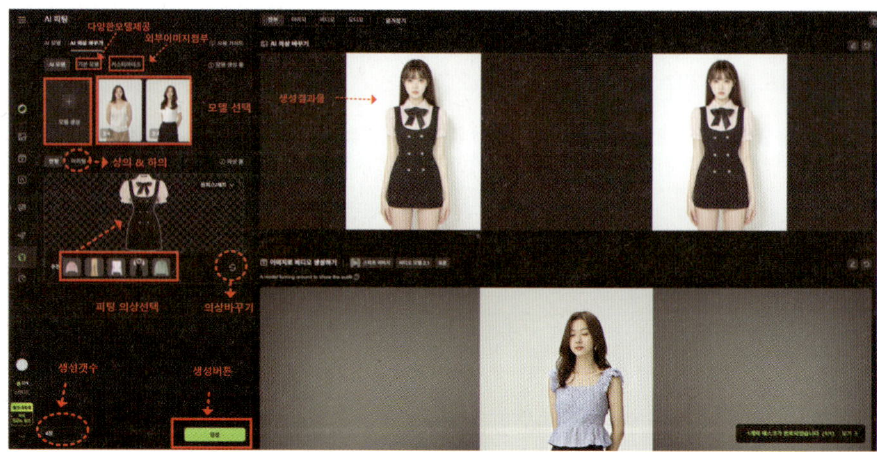

원하는 의상을 첨부하고 모델을 선택, 생성 버튼을 눌러 주면 이미지 완성된다. 하단의 [비디오 생성] 버튼을 눌러 보자.

의상 첨부 (한벌/여러벌)

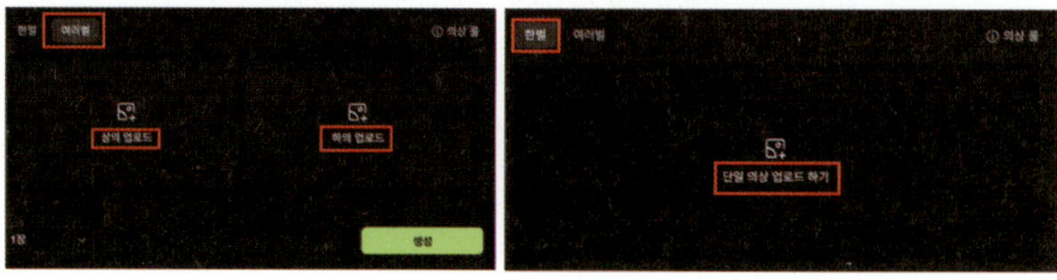

피팅모델 영상

화면에 마우스를 대면 다운로드 버튼이 나온다. 이미지를 영상으로 만들고 싶다면 [비디오 생성]을 누른다.

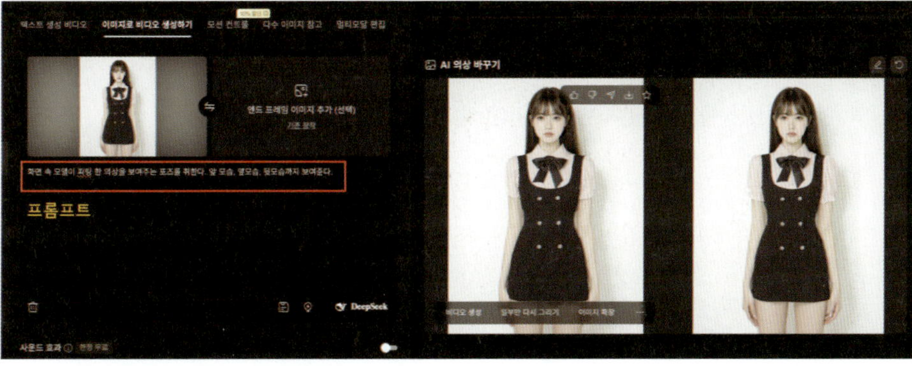

자연스럽게 뒷모습도 보여 주는 영상이 만들어진다.

⑦ 특수 효과로 재미있는 영상 만들기

생각보다 훨씬 다양한 특수 효과가 준비되어 있어, 평범한 장면도 금세 유쾌하고 신기한 영상으로 바뀐다. 이런 효과들을 적절히 활용하면 보는 사람의 호기심을 끌어내기 좋고, SNS에 올렸을 때도 자연스럽게 높은 반응을 기대할 수 있다.

- 특수 효과 사용법은 간단하다.

사진을 네모 안에 넣고 어떤 특수 효과를 사용할 것인지 선택한다.

[크리스마스 트리]를 선택하고 나노바나나에서 만든 사진을 첨부한다.

특수효과영상[크리스마스트리]

⑧ 모션 컨트롤

모션 컨트롤은 자연스러운 움직임을 만들어 낼 수 있는 매력적인 기능이다. 누구나 재미있는 영상을 만들 수 있다.

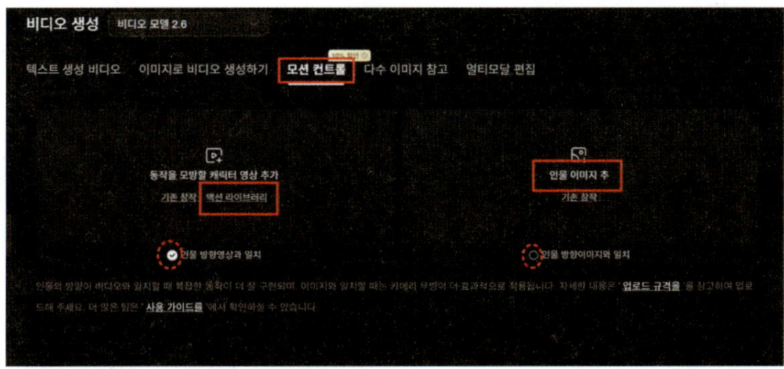

영상과 이미지를 각각 위치에 첨부한다.

인물 영상의 방향과 이미지 속 인물의 방향을 어디를 기준으로 일치를 시킬건지 체크한다.

인물의 방향이 비디오와 일치할 때 복잡한 동작이 더 잘 구현되며, 이미지와 일치할 때는 카메라 무빙이 더 효과적으로 적용

영상은 [액션 라이브러리]를 선택하여 클링에서 제공하는 영상을 사용하기로 한다.

내가 업로드한 이미지들이 보인다.
인물을 선택한다.

쿵푸 모션컨트롤

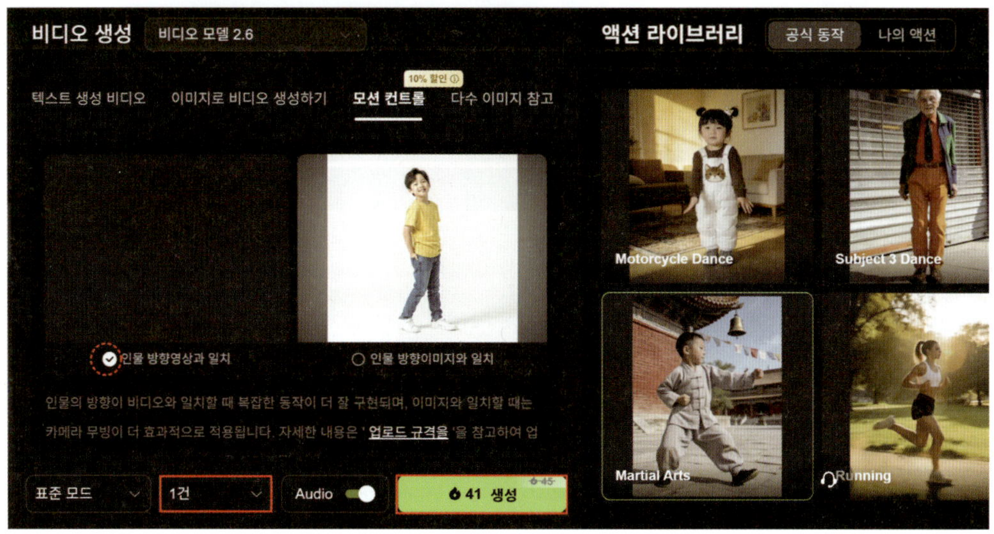

Class 2.
구글 플로우: 다양한 방식으로 영상 만들기

❶ 플로우 시작하기

플로우는 텍스트나 이미지 한 장만 있어도 바로 고퀄리티 영상으로 변환해 주는 AI 영상 제작 툴이다. 단순히 영상 자동 생성이 아니라, 생각하는 장면을 구체적으로 컨트롤할 수 있는 게 장점이다. 컷 전환, 카메라 무빙, 피사체 움직임까지 꽤 세밀하게 반영된다.

플로우 바로가기 https://labs.google/fx/ko/tools/flow

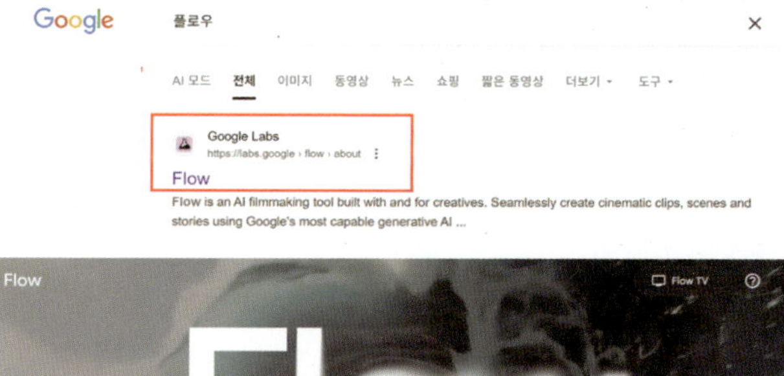

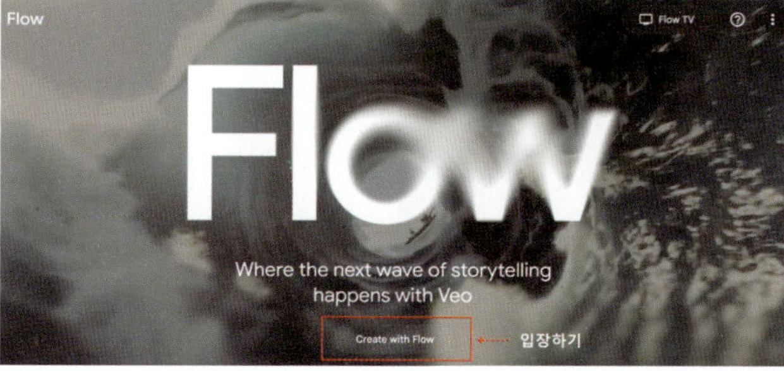

① 플로우에 입장하여 [구글 아이디]로 로그인한다.

② 첫 화면에서 보이는 [새 프로젝트]를 클릭한다.

① 플로우 홈 구성

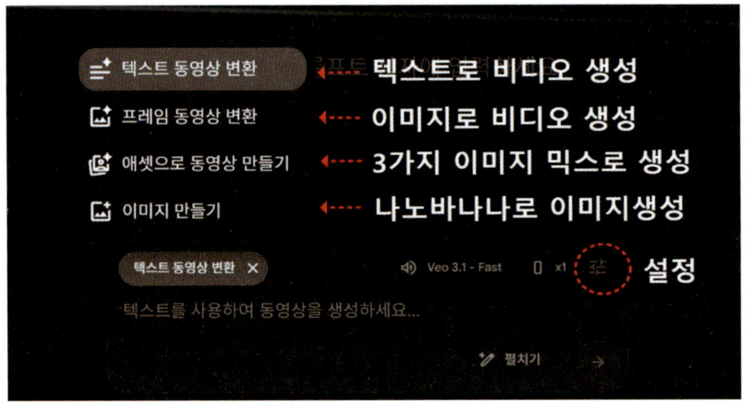

② 설정하기

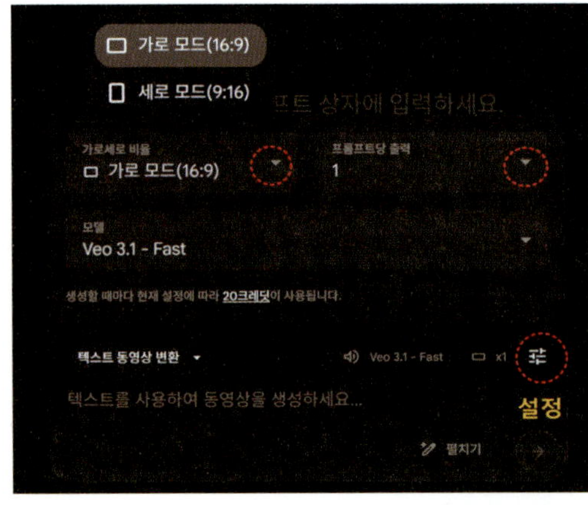

가로세로 비율을 선택한다. 프롬프트당 출력 개수는 1개로 한다.

(2개면 40크래딧 차감)

모델은 fast 모드로 설정한다. quality 모드는 100크레딧 차감

② 텍스트를 영상으로 바꾸기

만들고 싶은 내용을 프롬프트 창에 넣는다. 생성 버튼(->)을 클릭한다.

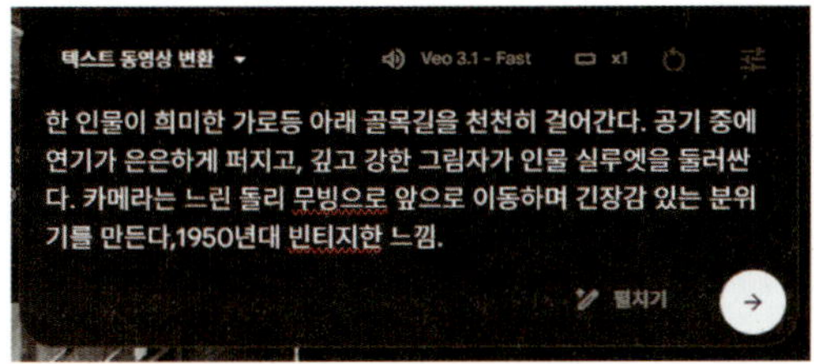

누아르 영상

❸ 프레임 기반으로 영상 만들기

이미지를 넣으면 영상으로 만들어 주는 기능

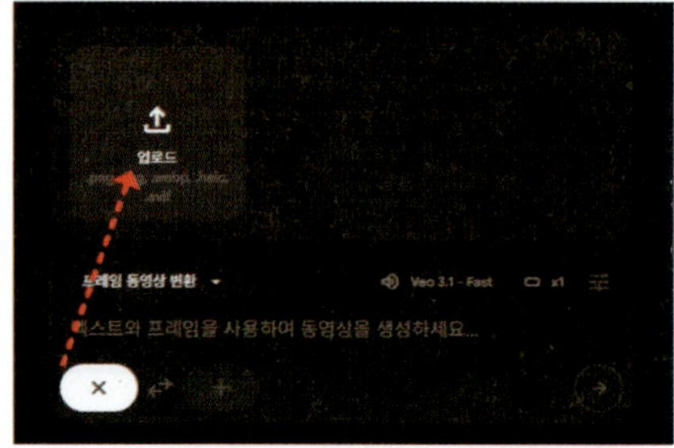

❶ [+]를 클릭하고 이미지를 업로드한다. 동화 이미지를 넣어서 움직이는 영상으로 만들어 본다.

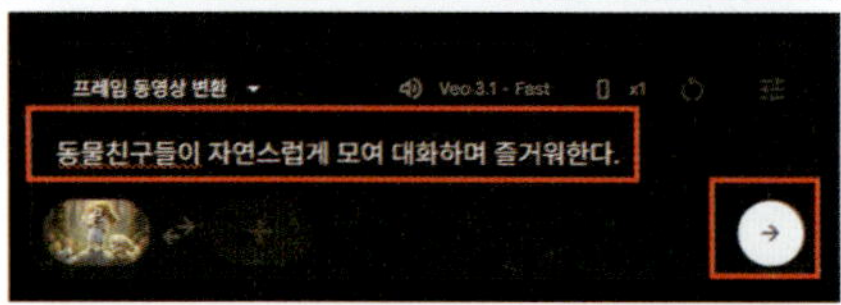

🍌 **프롬프트:** 동물 친구들이 자연스럽게 모여 대화하며 즐거워한다.

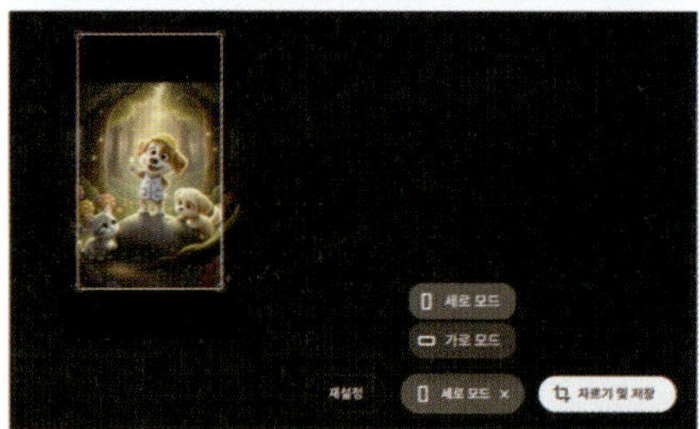

❷ 비율 정하기 비율 선택 후 [자르기 및 저장]을 클릭한다.

멋있는 애니메이션 영상이 만들어졌다. 이펙트까지 알아서 생성한 veo3

애니메이션 영상

4 에셋을 활용한 영상 제작

3개까지 첨부할 수 있다. 프롬프트를 작성한 후 발송한다.

🍌 프롬프트

여성이 핸드폰을 들고 통화를 하고 있고, 부엌으로 걸어가면서 정수기로 가서 (통화는 계속하는 상태다) 폰을 들고 있는 손의 반대 손으로 물을 마신다

결과물

⑤ 플로우에서 이미지 만들기

나노바나나 모델을 사용해 이미지를 만들어 낸다.

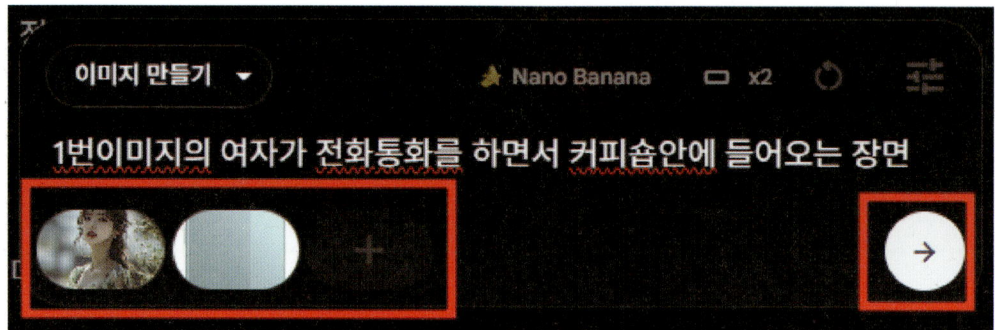

만들고 싶은 이미지를 첨부하여 만들기가 가능하다. 여성 이미지와 핸드폰 이미지를 첨부하고 프롬프트를 쓴다.

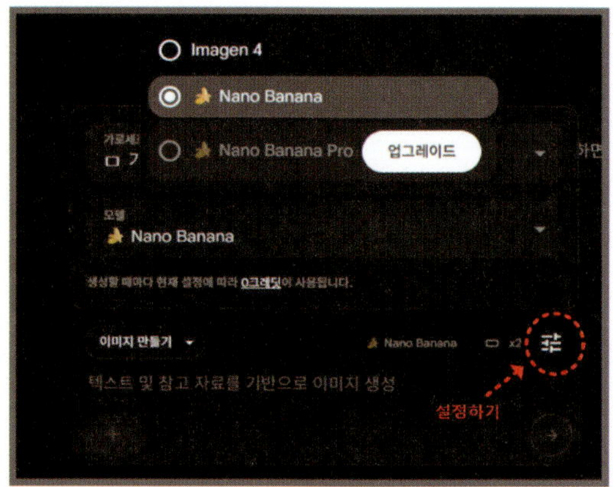

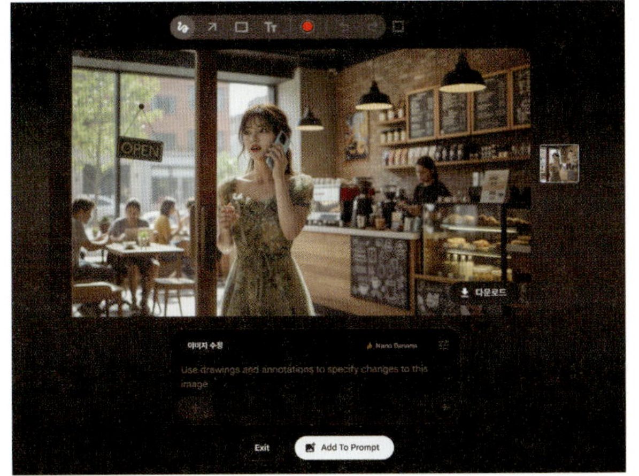

이미지 편집도 모두 가능하다. 편집으로 생성된 이미지는 우측에서 볼 수 있다

Class 3.
소라 2: AI가 영상 기획까지 소라 입장하기

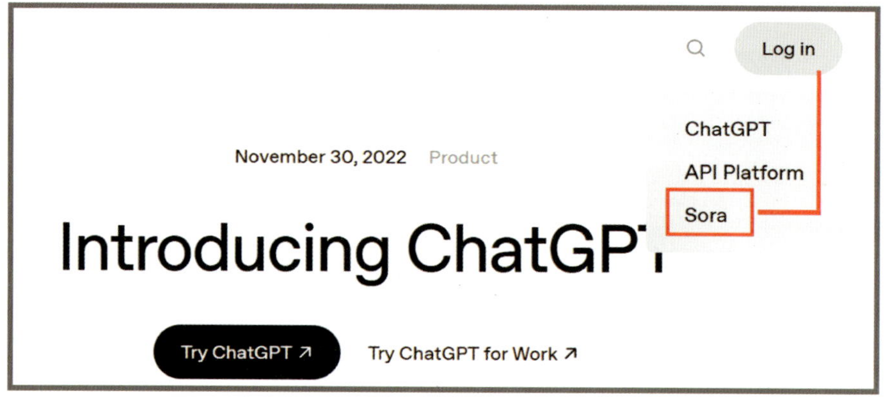

① 영상 제작은 어디서?

Sora 페이지로 들어오면 하단에 프롬프트 창이 있다.

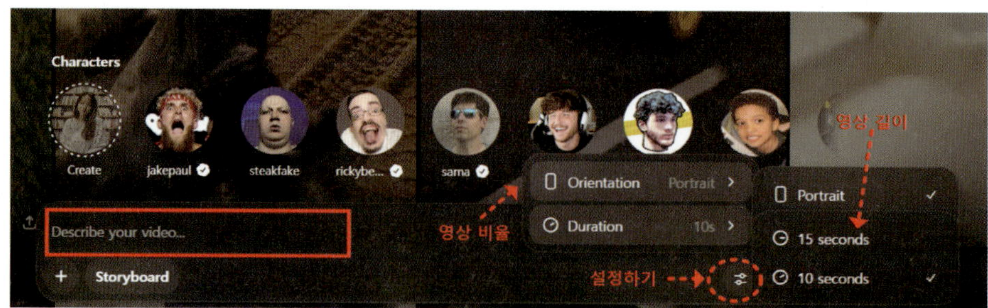

비율과 영상 길이를 선택한 후 만들고 싶은 영상의 프롬프트를 넣는다.

[+]를 누르면 컴퓨터에 저장된 이미지를 불러온다. 이미지를 영상화할 수 있다. 하지만 정책상 리얼한 인물의 사진 이미지는 생성되지 않는다.

애니메이션은 생성된다.

❷ 애니메이션 콘텐츠 기획하기

❶ 애니메이션 생성

🍌 **프롬프트**

애니메이션 스타일, 긴 헤어의 예쁜 소녀가 바닷가를 보고 있다가 멀리서 배가 오는 것을 보고 달려나간다. 그리고 손을 뻗어 흔들어 인사를 한다.

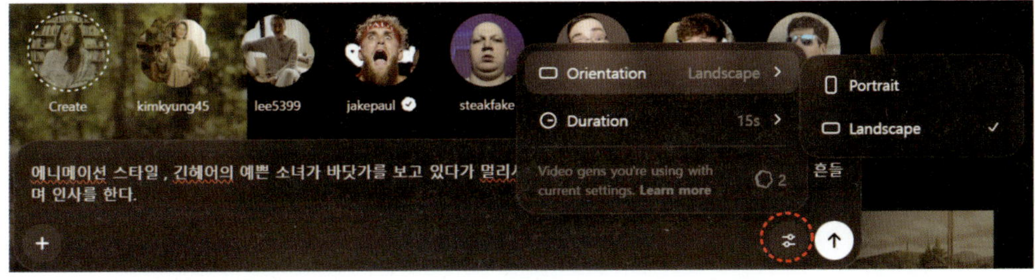

이렇게 애니메이션 15초 영상이 만들어졌다.

바다와 소녀영상

Tip 생성된 영상이 마음에 들지 않는다면? 이럴 땐 스토리보드를 이용해 영상을 편집할 수 있다.

스토리보드를 통해 [맘에 안 드는 장면] 삭제와 [씬 추가]를 한다.

아직은 베타 서비스라서 그런지 삭제 장면 외의 장면까지 바뀌는 현상이 있으나 전체 스토리는 동일하게 생성된다.

③ 크리에이터를 위한 영상 기획

① 동물 영상 만들기

국내 혹은 해외 영상에서 많은 조회 수를 기록하는 카테고리 중 1가지는 동물 영상이다.

🍌 프롬프트: 뱀이 아기 고양이를 위협하고 있다. 엄마 고양이가 와서 뱀과 싸우고 쫓아낸다. 장소는 시냇가

🍌 프롬프트: 바닷속 흰수염고래와 함께 있는 신랑 신부, 신부의 드레스가 물결에 유유히 움직인다. 함께 수영도 한다.

④ 소상공인 홍보 영상 기획하기

① 학원 홍보 영상 제작하기

프롬프트는 간단하다.

아동 미술학원 AKDA 홍보 영상을 만들 어줘, TV 광고 스타일처럼 만들어 줘.

미술학원 홍보 영상

서비스 홍보 영상

20대 케이팝 아이돌 같은 외모의 남자가 이렇게 말한다. "제미나이 나노바나나 누구든 무엇이든 뚝딱 만들어 냅니다. 포토샵이 필요 없는 이미지 편집 서비스!"

⑤ 특정 캐릭터를 이용한 영상 제작하기

① 가장 먼저 내가 원하는 캐릭터를 생성한다. (실사 이미지는 사용 금지)

🍌 **프롬프트**

> 20대 케이팝 아이돌 외모의 여성이 카메라를 바라보면서 이렇게 말을 하고 있다. "안녕하세요, 제 이름은 (000) 입니다. 만나서 반가워요."

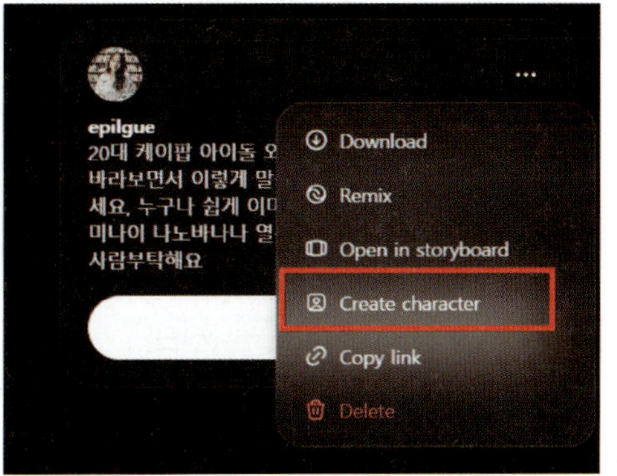

> Tip 캐릭터 생성을 할 때는 10초를 선택한다. 캐릭터를 설정하려는 용도이기 때문에 자기소개 정도 대본을 넣고 만들어 준다.

– 생성된 [자기소개 영상]에서 [Create character]를 선택한다.

– 캐릭터 이름 설정은 중요하다. 캐릭터 이름은 쉽고 타이핑하기 좋은 거로 한다.

– 이름은 영어로 설정한 후 [Continue] 클릭해서 다음으로 넘어간다.

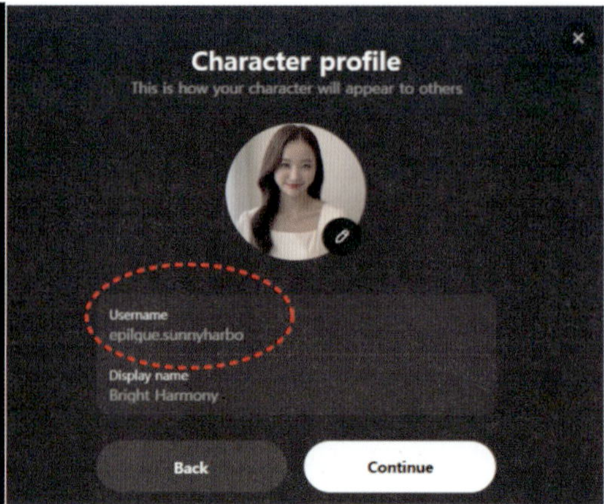

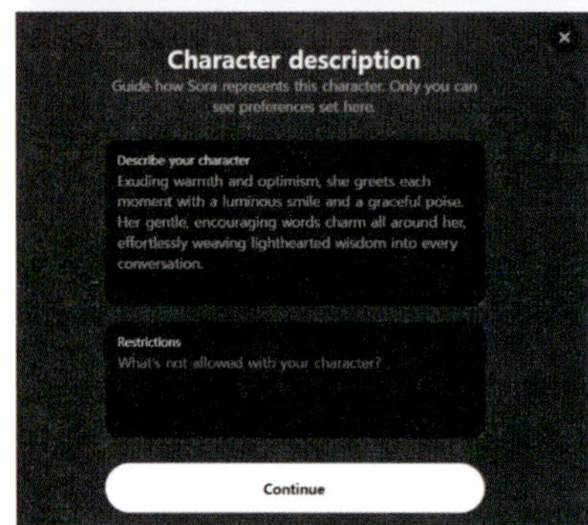

– 캐릭터 성격 설정하는 선택 사항이니 바로 [Continue] 눌러 다음으로 넘어간다.

남자 캐릭터도 동일한 방법으로 만들어 준다.

만든 캐릭터는 홈창에 프롬프트에 넣어서 영상을 만든다.

② 카메오 영상 제작

두 남녀가 만나는 영상은 [@이름]을 프롬프트 창에 검색해서 만든다.

🍌 **프롬프트:** @neodal88과 @neostar88 이 함께 공부하는 장면 , 대학 도서관

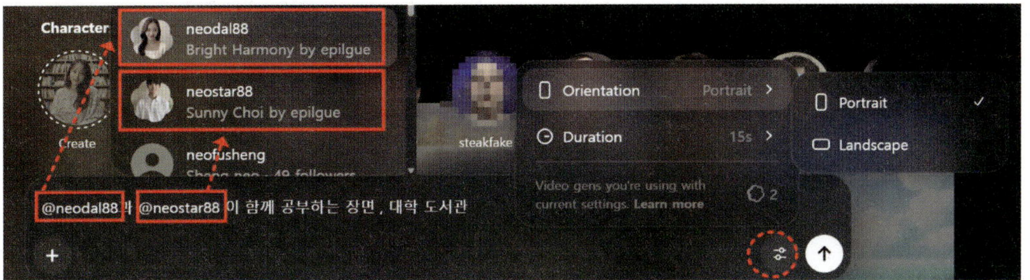

– 구체적인 대화 내용을 넣어서 만들 수 있다. 특별히 없다면 간단한 프롬프트만으로도 소라2가 알아서 대사를 넣어 만든다.

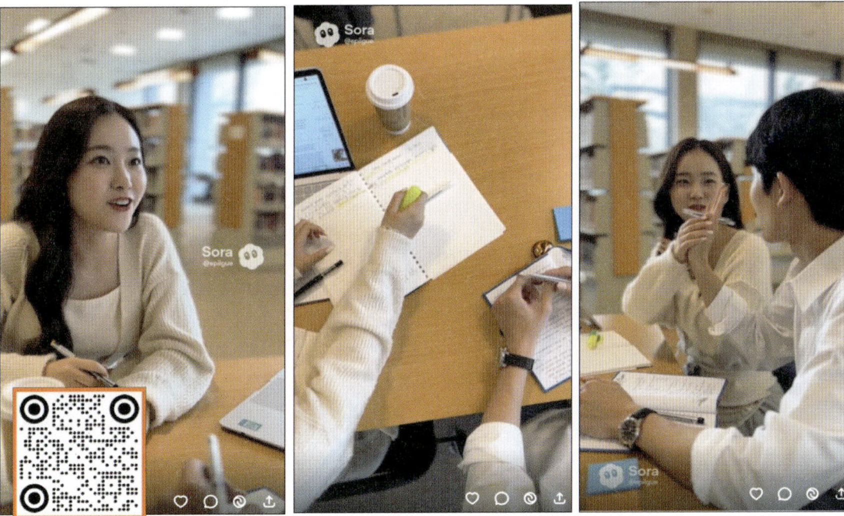

③ 캐릭터 데이트 장면

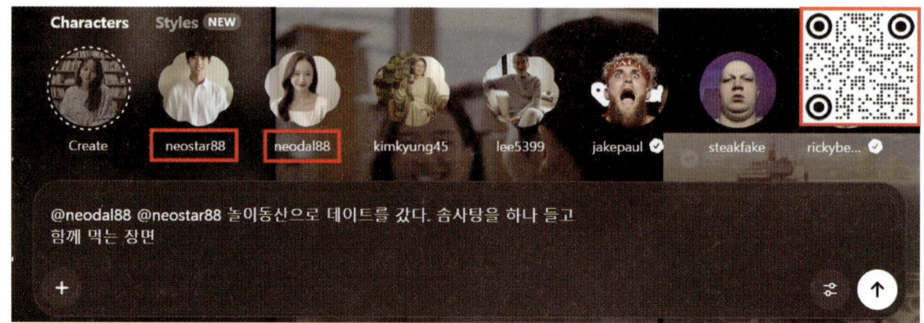

④ 캐릭터를 이용한 애니메이션 영상

애니 캐릭터를 생성한 후 [카메오] 기능으로 프롬프트에 넣어서 영상을 만든다

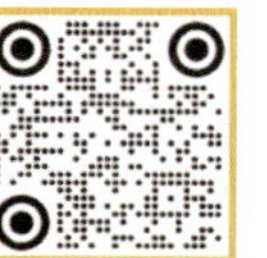

@epilani 가 노란 꽃이 가득 피어 있는 언덕 위에서 두 팔을 뻗고 꽃밭 위에 눕는다. 하늘이 파랗게 보이고, 흰 구름이 지나간다. 새들도 날아다니고, 바람도 살랑살랑 분다. 꽃들이 바람에 흔들리는 일본 애니메이션.

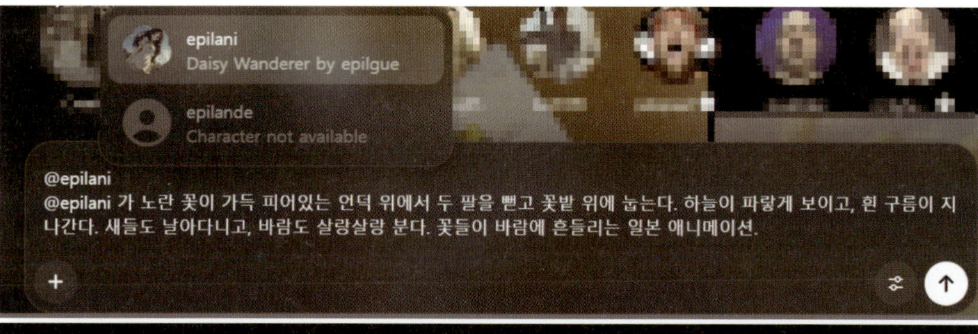

PART 6

AI 이미지 안전 사용 가이드

Class 1.
AI 이미지 투명성 확보하기

❶ AI 생성 이미지 라벨링 방법

AI 이미지는 진짜 사진처럼 보인다. 그래서 보는 사람이 오해가 없도록 SNS나 블로그에 올릴 때는 간단하게라도 표시해 주는 게 좋다.

예를 들어, "본 AI 생성 이미지입니다". "본 이미지는 인공지능으로 제작되었습니다" 이 한 줄을 넣어 주는 것이 좋다. 인스타그램은 이미 AI 표시를 자동으로 붙이고 있지만, 유튜브나 네이버 블로그도 AI 사용 여부를 밝히도록 권장하고 한다. 특히 전자책이나 교보문고, 리디북스 같은 출판 플랫폼에서는 표지나 삽화에 AI를 쓰면 반드시 고지해야 하는 경우가 많아지고 있다.

➋ 메타데이터와 워터마크 이해하기

내가 사용한 이미지에 대하여 일부 AI 도구는 우리가 확인할 수 없는 이미지에 '비가시 워터마크'가 있다. 시스템이 AI 생성물임을 식별할 수 있도록 하는 기술이다.

➊ 메타데이터 (Metadata): "사진의 주민등록증"
- 비유: 우리가 옷을 살 때 옷 안쪽에 붙어 있는 **'품질 표시 라벨(태그)'**과 같다.
- 설명: 사진 파일 속에는 우리 눈에 보이지 않지만, **'이 사진은 언제, 어디서, 어떤 카메라(또는 AI)로 찍었는지'**에 대한 정보가 숨어 있다. 이것을 메타데이터라고 한다.

➋ 비가시 워터마크 (Invisible Watermark): "디지털 비밀 잉크"
- 비유: 탐정 영화에 나오는 **'레몬즙으로 쓴 비밀 편지'**와 같다. 그냥 보면 빈 종이 같지만, 불을 비추면 글씨가 나타나는 것과 비슷하다.
- 설명: AI가 만든 이미지라는 걸 표시하기 위해, 사람 눈에는 안 보이지만 컴퓨터만 알아볼 수 있는 특수한 무늬나 신호를 사진 전체에 옅게 깔아 두는 기술이다.

➌ 타인의 초상권과 상표권 침해 예방

사람 얼굴, 브랜드 로고는 절대 함부로 쓰면 안 된다. AI 이미지 관련 분쟁이 가장 많이 일어나는 부분이 바로 초상권과 저작권이다. 연예인 얼굴을 합성하면 퍼블리시티권(개인의 얼굴·이름 등을 상업적으로 이용하는 권리) 침해가 되고, 지인 얼굴을 장난삼아 올려도 명예훼손이나 인격권 침해로 고소당할 수 있다. 심지어 실존하지 않는 가상 인물이라도 누군가와 너무 닮으면 문제가 될 수 있다.

브랜드도 마찬가지다. AI가 우연히 특정 브랜드와 비슷한 패턴을 만들어 낼 때가 있는데, 이걸 굿즈나 홍보물에 쓰면 상표권 침해로 걸릴 수 있다.

④ 딥페이크와 가짜 뉴스 예방

가짜 뉴스처럼 보이는 이미지는 절대 만들면 안 된다. AI 이미지는 너무 사실이다. 그래서 없는 사건을 만들어 낸 것처럼 보이거나, 누군가가 실제로 한 행동처럼 보이는 이미지를 만들면 '허위 사실 유포'로 법적 문제가 생길 수 있다. 특히 정치, 종교, 재난, 사고 관련 이미지는 더욱 신중해야 한다. 우리나라는 선거법, 정보통신망법상 허위 사실 유포에 대한 처벌이 엄격하기 때문이다.

교육용으로 쓰는 아동·청소년 이미지도 실사 스타일보다는 부드러운 일러스트나 동화 스타일을 권장한다.

> **기억하기!**
>
> "AI는 우리의 상상을 돕는 도구일 뿐, 거짓을 사실처럼 꾸미는 가면이 되어서는 안 된다. 책임감 있는 창작자가 되자."

⑤ 공개 전 자가 검증 체크리스트

1. 실제 사진처럼 오해받을 위험은 없는지를 확인한다. 특히 뉴스나 정보성 콘텐츠에 사용할 때는 더욱 조심한다.
2. 초상권·저작권 침해 요소는 없는지 확인한다. 닮은 얼굴, 배경 속 로고, 특정 작가 스타일 모방 등 작은 부분도 문제가 될 수 있다.
3. 사용하려는 플랫폼 정책에 맞는지를 확인한다. 네이버 블로그, 유튜브, 교보문고 전자책 등 플랫폼마다 AI 이미지 규정이 다르다. 상업적 용도라면 더욱 꼼꼼히 확인해야 한다.

> **"솔직함이 당신의 콘텐츠를 지킨다."**
>
> AI라는 도구를 숨기기보다, AI를 잘 활용하는 창작자임을 당당하게 밝혀야 한다. 독자들은 당신의 솔직함과 안목을 더 신뢰할 것이다.

PART 7

카메라 앵글 가이드

Class 1.
고퀄리티 영상을 위한
카메라 기초

AI는 음식 사진과 레이아웃을 전문가 수준으로 구현해 메뉴판 퀄리티를 즉시 끌어올린다. 비싼 비용과 긴 작업 시간을 줄여 소규모 식당도 프랜차이즈급 메뉴 제작이 가능해졌다.

❶ 알아두면 좋은 카메라 샷 10가지

대표적인 10가지를 우선 소개하며, 영상 스타일에 따라 더 세분화된 추가 샷들도 자유롭게 응용할 수 있다.

번호	샷 종류	설명
1	Extreme Close-Up	눈, 입술, 손 등 극클로즈업
2	Close-Up	얼굴 중심
3	Medium Shot	허리 위
4	Full Body	전신샷
5	Wide Shot	전체 장면
6	Establishing Shot	장소 소개용 첫 장면
7	Over-the-Shoulder	인물 뒤 어깨 넘겨 보는 샷
8	Hand Camera shot	사람이 직접 들고 촬영한 듯한 움직임
9	Low Angle	아래에서 올려다봄
10	High Angle	위에서 내려다봄

② 영상에 생동감을 주는 카메라 모션 10가지

대표적으로 자주 쓰는 기본 모션들만 모아 설명했으며, 실제 AI 영상 제작에서는
필요에 따라 여러 모션을 섞어 연출하면 훨씬 풍부한 장면을 만들 수 있다.

번호	모션명	설명
1	Dolly In	앞으로 가까이 다가감
2	Dolly Out	뒤로 멀어짐(스케일 강조)
3	Truck / Slide	좌 → 우 또는 우 → 좌로 미끄러지며 이동
4	Crane Up/Down	위로 상승 또는 아래로 하강
5	Orbit	인물을 중심으로 원형 회전
6	Handheld	손으로 들고 찍은 흔들림 느낌
7	Tracking Shot	인물 움직임을 따라가는 카메라
8	Fly-through	카메라가 공간을 통과하며 이동
9	Whip Pan	빠른 회전·전환
10	Zoom Burst	빠른 줌인/줌아웃

Class 2.
마케팅 사진의 모든 프롬프트: 브랜드 유형별 프롬프트 전략

지금은 브랜드가 소비자에게 '무엇을 말하느냐'보다 '어떻게 보여 주느냐'가 먼저인 시대다. 특히 SNS와 이커머스에서는 이미지 한 장이 브랜드의 첫인상을 결정짓고, 구매로 이어지는 핵심 경로가 된다. 이제는 단순히 예쁜 사진만으로는 부족하다. 전략적인 '사진 문법'이 필요하다.

❶ 카페·베이커리 브랜드

[예시 1]

PROMPT
하이 앵글 + 플랫 레이, 크루아상과 라떼 아트, 러스틱 테이블 위에 꽃과 빈티지 커틀러리, 자연 아침 햇살, 따뜻한 베이지 톤, 코지 카페 무드, 얕은 심도, 4K 퀄리티

하이 앵글 + 플랫 레이, 크루아상과 라떼 아트, 러스틱 테이블 위에 꽃과 빈티지 커틀러리, 자연 아침 햇살, 따뜻한 베이지 톤, 코지 카페 무드, 얕은 심도, 4K 퀄리티

[예시 2]

45도 앵글 제품 컷, 도자기 접시에 딸기 케이크 한 조각과 포크, 왼쪽 창문 자연광, 파스텔 핑크·크림 톤, 인스타 감성 카페 스타일, 따뜻하고 아늑한 분위기, 삼등분 구도, 부드러운 배경, 전문가급 촬영

45도 앵글 (45-degree view)

45도 앵글 제품 컷, 도자기 접시에 딸기 케이크 한 조각과 포크, 왼쪽 창문 자연광, 파스텔 핑크·크림 톤, 인스타 감성 카페 스타일, 따뜻하고 아늑한 분위기, 삼등분 구도, 부드러운 배경, 전문가급 촬영

디테일 컷, 커피 크레마의 벨벳 질감과 미세한 거품 패턴, 자연스러운 김과 부드러운 스팀, 드라마틱한 키아로스쿠로 조명, 딥 브라운과 골드 하이라이트, 시네마틱한 심도와 고급 네거티브 스페이스 구성, 따뜻한 톤의 보케 배경에 흐릿한 원목 가구와 에스프레소 머신, 8K 초고화질, 미슐랭급 음료 촬영 감성'

디테일 컷 (Detail shot)

디테일 컷, 커피 크레마의 벨벳 질감과 미세한 거품 패턴, 자연스러운 김과 부드러운 스팀, 드라마틱한 키아로스쿠로 조명, 딥 브라운과 골드 하이라이트, 시네마틱한 심도와 고급 네거티브 스페이스 구성, 따뜻한 톤의 보케 배경에 흐릿한 원목 가구와 에스프레소 머신, 8K 초고화질, 미슐랭급 음료 촬영 감성

② 럭셔리·프리미엄 브랜드

로우 앵글 (Low angle)

제품을 아래에서 위로 바라보는 로우 앵글은 권위감과 존재감을 부여한다. 여기에 정중앙 배치의 대칭 구도를 더하면 절제된 장엄함을 극대화할 수 있다. 주로 프리미엄 제품에 활용된다.

🍌 프롬프트

로우 앵글, 고급 가죽 핸드백의 강렬한 존재감, 위에서 떨어지는 드라마틱한 조명, 완벽한 대칭 구도, 블랙 매트 배경, 골드 하드웨어 디테일 강조, 하이엔드 패션 촬영, 고대비 시네마틱 조명, 8K 퀄리티

네거티브 스페이스 (Negative space)

절제된 시선 높이에서 여백을 충분히 확보한 구도는 고요하고 정제된 분위기를 연출한다. 미니멀리즘을 통해 오히려 브랜드의 고급스러움을 강조하는 방식이다.

🍌 프롬프트

네거티브 스페이스 중심의 미니멀 구성, 고급 손목시계가 오른쪽 하단에 위치, 소프트 그레이 그러데이션 배경에 아이레벨 시점, 스튜디오 조명과 은은한 그림자, 세련되고 클린한 하이엔드

제품 촬영

디테일 컷 (Detail shot)

가죽의 질감, 금속의 광택, 섬세한 스티치 같은 요소는 장인정신을 시각적으로 증명해 준다. 클로즈업 이미지를 통해 이런 완성도 높은 디테일을 강조할 수 있다.

🍌 **프롬프트**

디테일 컷, 이탈리안 가죽 질감과 정교한 스티치 표현, 장인정신 강조, 부드러운 방향성 조명으로 결 강조, 얕은 심도, 리치 브라운 톤의 고급 브랜드 무드, 전문가급 제품 촬영

③ 뷰티·화장품 브랜드

탑뷰/플랫 레이 (Top view+Flat lay)

제품들을 상단에서 평면적으로 배열해 촬영하면 스킨케어 루틴이나 메이크업 단계 같은 다양한 조합을 한눈에 보여 줄 수 있다. 여기에 3분할 구도를 적용하면 시각적으로 안정감이 생기고, 소비자에게 일상 속 루틴을 제안하는 메시지까지 전달할 수 있다.

🍌 **프롬프트:** 플랫 레이, 스킨케어 제품을 원형으로 배치, 화이트 대리석 배경, 유칼립투스 잎과 장미 꽃잎 장식, 자연광, 파스텔 핑크·화이트 톤, 클린 뷰티 감성, 인스타 뷰티 스타일, 전문가용 코스메틱 촬영

45도 앵글 + 네거티브 스페이스

(45-degree view +　Negative space)

제품의 입체감은 유지하면서도 주변에 여백을 충분히 확보한 구도는 고급스럽고 정돈된 분위기를 연출한다. 제품 패키지의 세련됨과 깔끔한 이미지를 강조할 때 효과적이다.

🍌 **프롬프트**

45도 앵글, 프리미엄 세럼 보틀을 오른쪽 1/3 지점에 배치, 왼쪽 60% 네거티브 스페이스, 화이트 그러데이션 배경, 스튜디오 조명과 최소 그림자, 클린하고 모던한 고급 스킨케어 무드

4K 퀄리티 디테일 컷 (Detail shot)

립스틱의 발색, 크림의 제형, 파운데이션의 텍스처 같은 요소는 화장품의 품질을 직접적으로 보여 준다. 클로즈업으로 이런 제품 특성을 생생하게 전달할 수 있다.

🍌 **프롬프트**

디테일 컷, 피부 위에 크림 텍스처 스와치, 실키한 질감과 자연스러운 피부 톤, 부드럽게 확산된 조명, 얕은 심도, 프레시하고 클린한 뷰티 무드, 전문가용 뷰티 촬영

더치 앵글(Dutch Angle)

화면이 비스듬히 기울어진 이 앵글은 젊고 역동적인 분위기, 그리고 약간의 일탈감과 예술성을 표현할 때 효과적이다. 신제품 론칭이나 SNS 바이럴 콘텐츠에서 자주 활용된다.

🍌 **프롬프트**

더치 앵글, 15도 기울인 스트리트 배경과 역동적인 포즈, 컨템포러리 스트리트웨어 스타일, 대담한 컬러감과 모션 블러, 에너지 넘치는 젊은 분위기, 하이 콘트라스트 감성 촬영

아이 레벨 + 3분할 구도

(Eye Level+Rule of Thirds)

자연스러운 시선에서 촬영된 이미지는 마치 거리에서 마주친 사람처럼 공감과 리얼리티를 이끌어 낸다. 3분할 구도를 활용하면 전체적인 균형을 유지하면서 착용감과 스타일링을 효과적으로 보여 줄 수 있다.

🍌 **프롬프트**

아이 레벨 + 3분할 구도, 미니멀 콘크리트 공간에서 오버사이즈 화이트 셔츠와 데님을 입은 인물, 왼쪽 1/3 위치, 자연스러운 오후 햇살, 뉴트럴 톤의 캐주얼 라이프스타일 패션, 에디토

리얼 무드 탑뷰/플랫 레이

패션 아이템을 바닥에 펼쳐 놓고 정확히 위에서 수직으로 촬영하면, 전체적인 콘셉트와 모든 구성 요소를 왜곡 없이 깔끔하게 보여 줄 수 있다. 쇼핑몰 상세 페이지와 소셜 미디어 콘텐츠에서 활용도가 가장 높은 구도다.

🍌 **프롬프트**

플랫 레이, 화이트 린넨 셔츠·베이지 팬츠·가죽 액세서리·스니커즈·선글라스를 감각적으로 배치, 우드 플로어 배경, 내추럴 채광, 어스톤 컬러감의 인스타 패션 무드, 전문가 스타일링 촬영

5 테크·IT 브랜드

아이소메트릭 + 대칭 구도

아이소메트릭 뷰는 제품의 구조를 왜곡 없이 입체적으로 표현할 수 있어, 기술적 정밀성과 체계적인 설계를 강조하는 데 탁월하다. 여기에 대칭 구도를 더하면 고도의 질서와 안정감까지 부여할 수 있다. 테크 브랜드의 전문성을 시각적으로 전달하기에 적합한 방식이다.

아이소메트릭 + 대칭 구도, 30도 각도의 스마트폰 폭발 뷰, 내부 부품을 리얼하게 수직 분리, 블루 엣지 조명과 자연스러운 그림자, 화이트 배경의 포토리얼 4K 제품 촬영

로우 앵글 + 네거티브 스페이스

(Low angle+Negative space)

제품을 아래에서 올려다보는 시선은 기술의 웅장함과 진보적인 이미지를 극대화한다. 여백을 활용한 구성은 브랜드가 제시하는 '미래'에 대한 상상력을 자극해 준다.

로우 앵글 + 네거티브 스페이스, LED 백라이트가 은은하게 빛나는 슬림 노트북을 아래에서 촬영, 완벽한 대칭 구도와 블랙 그러데이션 배경, 미래적인 무드와 강렬한 존재감, 하이 콘트라스트 시네마틱 촬영, 8K 퀄리티

디테일 컷 (Detail shot)

소재의 질감, 버튼의 정밀함, 포트 구조, 마감 처리 같은 요소는 기술력의 신뢰성을 표현할 수 있다. 하이엔드 테크 제품일수록 디테일 컷의 설득력이 커진다.

디테일컷, 알루미늄 유니바디의 정밀 CNC 가공 디테일과 브러시드 메탈 텍스처, 은은한 반사와 스튜디오 조명, 얕은 심도, 장인정신이 느껴지는 프리미엄 테크 제품 촬영

하이 앵글 / 탑뷰 + 플랫 레이

(High Angle /Top view+Flat lay)

음식의 전체 플레이팅을 보여 주면서, 식탁 위에 정갈하게 놓인 음식 구성을 한눈에 볼 수 있게 해 준다. 깔끔하고 감성적인 상차림을 통해 정성스러운 이미지와 건강한 식문화를 강조할 수 있다.

🍌 프롬프트

탑뷰 + 플랫 레이, 중앙에 비빔밥 그릇, 주변에 작은 도자기 반찬들 배치, 나무 테이블 위에 수저와 젓가락, 창가 자연광, 다채로운 채소 색감, 따뜻한 톤의 전통 음식 연출, 전문가용 맛집 촬영

45도 앵글 + 3분할 구도

(45-degree view +Rule of Thirds)

음식의 볼륨감과 질감을 실제로 마주할 때와 비슷한 시점으로 보여 준다. 입체적인 연출을 통해 먹음직스러움과 생동감을 극대화할 수 있어, 특히 메인 디시나 덮밥류, 그릴 요리에 효과적이다.

🍌 프롬프트: 45도 앵글 + 3분할 구도, 포크로 말아 든 고메 파스타 요리에서 김이 오르는 장면, 화이트 접시 위 연출, 흐릿한 레스토랑 배경과 따뜻한 조명, 깊이감 있는 프리미엄 다이닝 감성, 에디토

리얼 푸드 촬영

디테일 컷 (Detail shot)

토마토의 물방울, 고기의 마블링, 허브의 잎맥 같은 디테일을 담은 클로즈업 컷은 재료 자체의 생명력과 신선함을 강조해 준다. 건강하고 프리미엄한 이미지를 각인시키기에 효과적이다.

🍌 **프롬프트**

디테일 컷, 신선한 연어 사시미의 질감과 반짝이는 표면, 얼음 결정 표현, 부드러운 방향성 조명, 생동감 있는 오렌지·핑크 톤, 얕은 심도의 프리미엄 해산물 촬영

7 인테리어·가구 브랜드

아이 레벨 + 대칭 구도 (Eye Level+Symmetrical Composition)

사람의 눈높이에서 정면으로 바라본 대칭적 구도는 공간 전체의 조화와 안정감을 전달한다. 실내 공간을 소개할 때 가장 자연스럽고 신뢰감 있는 방식이며, 공간의 균형미를 시각적으로 강조하는 데 효과적이다.

🍌 **프롬프트**

아이 레벨 + 대칭 구도, 중앙에 배치된 소파와 좌우 대칭 테이블·조명, 큰 창으로 들어오는 자연광, 스칸디나비아 미니멀 인테리어, 뉴트럴 컬러와 간결한 라인, 전문가용 인테리어 촬영

45도 앵글 + 3분할 구도 (45-degree view + Rule of Thirds)

가구의 형태를 입체적으로 보여 줄 수 있는 각도로, 실제 사용 시의 배치감과 기능적 구조를 잘 드러낼 수 있다. 소파, 테이블, 침대 등 다양한 제품에 활용 가능하다.

🍌 **프롬프트**

45도 앵글 + 3분할 구도, 내추럴 오크 소재의 미드센추리 모던 암체어를 오른쪽 1/3에 배치, 왼쪽 창으로 들어오는 따뜻한 오후 자연광, 아늑한 독서 공간 연출, 깊이감 있는 라이프스타일 인테리어 촬영

아이소메트릭 (Isometric)

인테리어 배치, 가구의 레이아웃, 공간 활용도를 설명하는 데 효과적인 구도다. 브랜드가 제안하는 공간 설계 철학을 시각적으로 보여 줄 수 있다.

🍌 **프롬프트**

아이소메트릭, 30도 각도의 모던 아파트 3D 평면도, 리얼한 자재 텍스처와 가구 비율, 소파·침대·주방가전·인테리어 소품까지 사실적으로 표현, 화이트 스튜디오 배경에 자연스러운 그림자, 고급 건축 시각화 스타일, 4K 초현실 디테일

교구나 장난감을 정면에서 내려다보는 구성은 제품의 전체를 한눈에 볼 수 있으며, 아이가 놀이를 준비하는 시점과 유사하다. 정돈된 학습 환경, 놀이의 질서와 재미를 동시에 보여 줄 수 있다.

🍌 **프롬프트**

하이 앵글 + 플랫 레이, 화이트 배경 위에 알록달록한 나무 블록과 교육용 장난감을 감각적으로 배치, 파스텔 톤과 자연광, 아이 안전 소재 사용, 밝고 즐거운 분위기의 키즈 제품 촬영

아이 레벨 (Eye Level)

아이의 눈높이에서 촬영한 이미지는 가장 높은 공감 효과를 유발한다. 제품을 사용하는 아이의 표정, 행동, 시선 등을 자연스럽게 담아내면 브랜드가 추구하는 신뢰와 안전을 효과적으로 전달할 수 있다.

🍌 **프롬프트**

아이 레벨, 나무 바닥에서 퍼즐을 갖고 노는 유아, 측면 자연광, 따뜻하고 안전한 분위기, 3분할 구도와 부드러운 배경, 즐거운 순간을 담은 육아 라이프스타일 촬영

제품의 마감, 둥근 모서리, 부드러운 재질감 등은 부모에게 안전성과 품질을 시각적으로 증명하는 중요한 요소다.

🍌 **프롬프트**

디테일 컷, 유아용 나무 장난감의 둥근 모서리와 부드러운 마감, 자연스러운 우드 텍스처, 안전한 디자인 강조, 부드러운 조명, 장인정신이 느껴지는 제품 촬영

Tip: 프롬프트 작성 기본 구조 공식 [앵글 명칭] + [구도 명칭] + [피사체] + [배경/환경] + [조명] + [색감/톤] + [브랜드 키워드] + [품질]

2026년 1월 23일   1판   1쇄   인 쇄
2026년 1월 30일   1판   1쇄   발 행

지 은 이 : 이현·문서영·최숙현·남상억 공저

펴 낸 이 : 박   정   태

펴 낸 곳 : 주식회사 광문각출판미디어

10881
파주시 파주출판문화도시 광인사길 161
광문각 B/D 3층
등   록 : 2022. 9. 2 제2022-000102호
전 화(代): 031-955-8787
팩   스 : 031-955-3730
E - mail : kwangmk7@hanmail.net
홈페이지 : www.kwangmoonkag.co.kr

ISBN : 979-11-93205-83-9   13000

값 : 19,000원

※ 프롬프트와 실습예제 파일

도서와 관련된 자료는 광문각(http://www.kwangmoonkag.co.kr/)
홈페이지 자료실에서도 다운로드 할수 있습니다.